Hello Grammar 4.0

교과서 문법 완벽 정리

Level 3

Introduction | 이 책을 내면서

여러분이 앞으로 살아가면서
우리말 다음으로 계속 접하게 될 언어는 영어입니다.
하지만 영어는 우리말과 다른 언어 규칙을 가지고 있기 때문에, 영어 단어만을 나열한다고 해서 상대방과 영어로 정확한 의사소통을 할 수 있는 것은 아닙니다.
이렇게 우리말과 다른 언어 구조를 가진 영어를 짧은 시간에 가장 쉽게 파악할 수 있는 길을 찾아야 합니다. 이것이 먼저 영어의 언어 규칙을 이해하는 학습인, 영문법을 배워야 하는 이유입니다.

새롭게 구성한 Hello Grammar 4.0 시리즈는

영어 학습의 가장 기본서라고 할 수 있는 현행 중학교 영어 교과서 문법 내용을 중심으로 구성하였습니다.
각 영어 교과서를 철저히 분석하여, 중학생으로서 꼭 학습해야만 하는 내용을 짜임새 있게 엮었습니다.
해당 문법을 일목요연하게 수록하였으며, 실생활에 적용할 수 있는 실용 중심 표현들로 예문을 수록하였습니다.

이 책이 영어 학습의 친절하고 든든한 안내서가 되어, 여러분의 내신 성적 향상은 물론, 영어 실력 향상의 밑거름으로 쓰일 수 있기를 바랍니다.

Structure & Features | 이 책의 구성과 특징

Chapter 만화

해당 Chapter에서 어떤 내용을 학습하는지 제목으로 확인하고, 그 학습의 개념을 표현한 재미있는 만화를 통해 기초적인 지식을 이해하는 코너입니다.

문법 차트

해당 Unit에서 가장 핵심적인 문법 사항들을 수록한 문법 도식 자료입니다.

문법 설명

예문 중심으로 설명하였으며, 문법 설명 내용 중에 꼭 알아야 할 사항들을 알기 쉽게 정리하였습니다. 문법 내용 중 추가적으로 학습할 부분은 [Grammar+]에 설명하였습니다. [Check]에서는 기초적인 학습 내용을 문제로 다시 한 번 더 확인할 수 있도록 구성하였습니다.

Practice Test

학습 내용을 바탕으로 문제 해결을 통해 응용력을 키울 수 있는 연습 문제 코너입니다. 학습 응용력이 필요한 문제는 같은 유형의 문제를 추가로 제시하여 보강할 수 있도록 하였으며, 중간 중간에 배경지식을 넣어서 다양한 문화를 이해하고 학습에 흥미를 높일 수 있도록 하였습니다.

2컷 만화

문법 설명에서 학습한 내용을 바탕으로 재미있는 학습 만화를 구성하였습니다.

Review Test

해당 Chapter 학습을 마치고 학습 성취도를
평가할 수 있는 종합 문제입니다. 학습 내용
중 가장 기본적이고 대표적인 내용을 다루는
문제를 선별하여 제시하였으며, 교과서 지문
을 활용한 문제와 [서술형 문제]까지 풀어봄으
로써 내신 성적 향상에 큰 도움이 될 것입니다.

Grammar Build Up

심화 학습이 필요한 문법 내용들을 별도로 정
리하였습니다. [확인 CHECK]로 그 내용도
점검할 수 있도록 구성하였습니다.

Final Test

마지막으로 학습한 문법 내용을 전체적으로
점검할 수 있는 최종 종합 마무리 문제입니
다. 스스로 문제를 풀어보면서 자신의 부족
한 문법 실력을 점검할 수 있습니다.

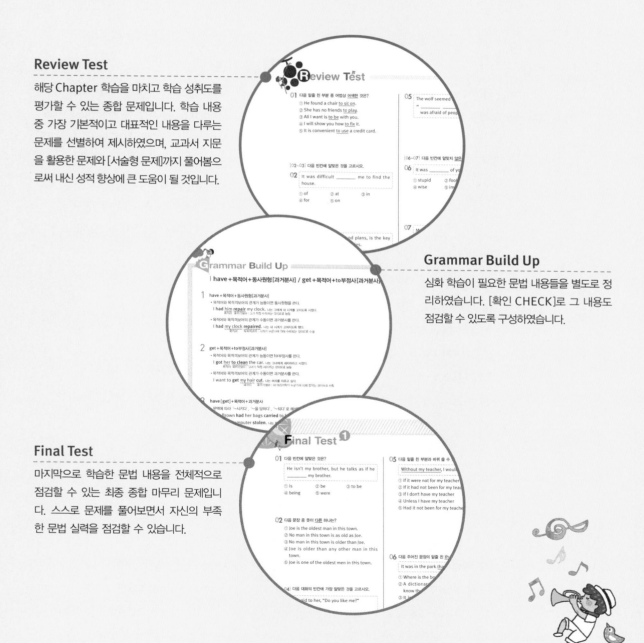

Contents | 이 책의 차례

문장

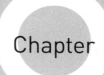

Unit 01 문장의 구조

• 영어 문장은 우리말 어순과는 달리 「주어＋동사＋X」로 이루어지며, 주어와 X가 길어질 때 문장의 구조를 파악하는 것이 중요하다.

1 길어진 주어 찾기

● 주어가 꾸밈을 받을 때

The trees in the garden are lilacs.

in the garden이 주어 The trees를 수식

정원에 있는 나무는 라일락이다.

The baby looking at his mom looks happy.

현재분사구가 주어 The baby를 수식

엄마를 바라보는 아기는 행복해 보인다.

: The baby looking at his mom을 '주부'라고 하고, looks happy를 '술부'라고 한다.

● to부정사구가 주어

To express feelings frankly is good for your health.

= It is good for your health **to express feelings frankly**.
　가주어　　　　　　　　　　　　　　　진주어

감정을 솔직히 표현하는 것은 당신의 건강에 좋다.

● 동명사구가 주어

Taking a walk every day is a good exercise. 매일 산책하는 것은 좋은 운동이다.

● 명사절이 주어

That he is rich seems true. = It seems true **that he is rich**.
　　that절이 주어　　　　　　　　가주어　　　　　　　진주어

Whether he loves me or not is not important to me.
　　　　whether절이 주어

그가 나를 사랑하느냐 아니냐는 나에게 중요하지 않다.

What you told me last night is true. 네가 나에게 어젯밤에 말했던 것은 사실이다.
　　관계대명사 what절이 주어

2 길어진 목적어 찾기

● 목적어가 꾸밈을 받을 때

I watched **the movie that is popular these days.** 나는 요즘 인기 있는 영화를 봤다.
　　　　　　목적어　　　　　관계대명사절이 목적어 the movie를 수식

● to부정사구가 목적어

He wants **to travel abroad next year.** 그는 내년에 외국으로 여행가기를 원한다.

I know **how to download this program.** 나는 이 프로그램을 내려받는 법을 안다.
　　　「의문사＋to부정사」가 목적어

● 동명사구가 목적어

She enjoys **walking along the country road.** 그녀는 시골길을 따라 걷는 것을 즐긴다.

● 명사절이 목적어

We believe **that he will come back.** 우리는 그가 돌아올 것이라고 믿는다.
　　　　　that절이 목적어

Do you know **how old your teacher is?** 너는 네 선생님이 몇 살인지 아니?
　　　　　　간접의문문이 목적어

People may doubt **what you say.** 사람들은 네가 말하는 것을 의심할지도 모른다.
　　　　　관계대명사 what절이 목적어

Grammar+

구와 절 : 둘 이상의 단어로 구성되어 문장 속에서 한 역할을 하며, 「주어＋동사」 형태가 아닐 때 '구'라고 하고, 「주어＋동사」 형태를 갖추면 '절'이라고 한다.

▶Check

주부에 밑줄을 그으시오.

1. The young lady kissing him is Jane.
2. What I need is your love.
3. Doing your best is a way to success.
4. To teach children English is my new job.

▶Check

목적어와 목적어를 꾸미는 말에 밑줄을 그으시오.

5. I enjoyed jogging in the park.
6. He has a cell phone that was made in China.
7. I don't like to walk alone at night.
8. I don't know if it will rain tomorrow.

정답 | 1. The ~ him　2. What I need　3. Doing your best　4. To ~ English
5. Jogging in the park　6. a cell ~ China　7. to ~ night　8. if ~ tomorrow

길어진 주격보어 찾기

● 주격보어가 꾸밈을 받을 때

He will be **a scientist who is famous around the world.**
주격보어 ⤴_____⌐ 관계대명사절이 주격보어 a scientist를 수식
그는 세계적으로 유명한 과학자가 될 것이다.

● to부정사구가 주격보어

My plan is **to travel to Europe.** 내 계획은 유럽으로 여행을 가는 것이다.
to부정사의 명사적 용법

● 동명사구가 주격보어

The worst sin in life is **knowing what to do and not doing it.**
인생에서 가장 나쁜 죄는 무엇을 해야 할지 알면서 그것을 하지 않는 것이다.

● 명사절이 주격보어

The fact is **that he is a member of the CIA.** 사실은 그가 CIA의 일원이라는 것이다.
that절이 주격보어

The problem is **where we should go.** 문제는 우리가 어디로 가야 하느냐는 것이다.
의문사절이 주격보어

● 형용사구, 현재분사, 과거분사가 주격보어

He is **afraid of being left alone.** 그는 혼자 남겨지는 것을 두려워한다.
형용사구가 주격보어

She stood **answering the phone.** 현재분사가 주격보어

I am **interested in nature.** 과거분사가 주격보어

 길어진 목적격보어 찾기

● 형용사구가 목적격보어   They found him **alive in the woods.**
                           목적어   목적격보어

● 현재분사가 목적격보어   I saw a man **sleeping on the subway.**

● 과거분사가 목적격보어   I had my purse **stolen on the street.**

● 원형부정사가 목적격보어   I saw a shadow **walk into my room.**

● to부정사가 목적격보어   I want you **to keep your word.**

 길어진 부사적 표현 찾기

● 장소, 방법, 시간, 목적 등의 부사구

This wild flower blooms **only in this area in spring.** 장소, 시간의 부사구
이 야생화는 봄에 이 지역에서만 핀다.

I saved money **to buy a new computer.** 목적을 나타내는 부사구
나는 새 컴퓨터를 사기 위해 돈을 모았다.

● 시간, 조건, 원인, 양보 등의 부사절

If you call him, he will be happy. 조건의 부사절

Eat the carrots **though you don't like them.** 양보의 부사절
비록 네가 당근을 싫어하더라도 먹어라.

▶**Check**
주격보어에 밑줄을 그으시오.
9. The important thing is that we are good friends.
10. My dream is to play the piano at Carnegie Hall.
11. My plan is to practice playing the flute every day.

▶**Check**
밑줄 친 부분에 주의하여 문장을 해석하시오.
12. My teacher wants me to study harder.
13. I saw a boy singing quietly.
14. Would you please help me clean the floor?
15. The magician made us happy for an hour.

▶**Check**
다음 문장에서 부사, 부사구, 부사절에 밑줄을 그으시오.
16. After lunch, I took a break.
17. The plane landed safely at the airport.
18. Before he left, he ate lunch.
19. She paints pictures with her toes.

정답 | 9. that ~ friends   10. to ~ Hall   11. to practice ~ day   12. 나의 선생님께서는 내가 더 열심히 공부하길 원하신다.   13. 나는 소년이 조용히 노래 부르는 것을 보았다.   14. 내가 마루를 청소하는 것을 좀 도와주겠니?   15. 그 마술사는 한 시간 동안 우리를 행복하게 했다.   16. After lunch   17. safely ~ airport   18. Before he left   19. with her toes

Review Test

01 다음 〈보기〉와 같이 주어진 문장을 다시 쓰시오.

> • 보기 •
> A lady laughs. She is wearing a red dress.
> ➡ A lady wearing a red dress laughs.

The girl lives next to us. She is reading on the bench.

➡ _____

02 다음 빈칸에 알맞지 <u>않은</u> 것은?

> We will build cities in space _____ .

① someday
② in the future
③ if possible
④ after a few centuries
⑤ when we learned more

03 다음 중 밑줄 친 부분이 목적어가 <u>아닌</u> 것은?

① I enjoyed <u>talking to you</u>.
② Do you want something <u>to drink</u>?
③ I know <u>what you did last night</u>.
④ Tell me <u>how to operate the machine</u>.
⑤ He says <u>that they had a great time</u>.

고난도

04 다음 중 밑줄 친 부분의 쓰임이 나머지와 <u>다른</u> 하나는?

① I had my arm <u>broken</u>.
② He read a book <u>written in English</u>.
③ I want you <u>to stay here forever</u>.
④ I saw a wild goose <u>flying south</u>.
⑤ She heard voices <u>whispering</u>.

05 다음 문장에서 어법상 <u>어색한</u> 부분을 고치시오.

> One day, a man, with his son and his donkey, were walking across a bridge.

06 다음 괄호 안의 단어를 바르게 고치시오.

> (Know) how to communicate with them in their native language is important.

[07~08] 다음 글을 읽고, 물음에 답하시오.

> Many people, especially in Africa, live far from clean water. They have to walk for many hours to get water. The problem is ⓐ <u>that water is too heavy to lift and carry a long distance.</u> So, South African designers came up with an invention — the Q Drum. It is called the Q Drum because it looks like the letter Q. This container can hold 75 liters of water, and it can be rolled like a wheel.
>
> [교과서 지문]

07 다음 밑줄 친 부분 중 위 글의 ⓐ와 쓰임이 같은 것은?

① He can run <u>fast</u>.
② The man is very <u>considerate</u>.
③ People love <u>to live peacefully</u>.
④ His mother gave us <u>orange juice</u>.
⑤ We call the smart boy <u>a genius</u>.

08 다음 중 Q Drum에 대한 설명으로 알맞지 <u>않은</u> 것은?

① 물을 쉽게 운반하기 위해 발명되었다.
② 남아프리카의 디자이너들이 발명했다.
③ 알파벳 Q 모양으로 생겼다.
④ 75리터의 물을 저장할 수 있다.
⑤ 여러 개의 바퀴가 달려 있다.

Chapter 02

to부정사

Unit 02 to부정사의 용법

• to부정사는 「to + 동사원형」의 형태로, 문장에서 명사, 형용사, 부사 역할을 한다.

1 명사적 용법: 문장의 주어, 목적어, 보어로 사용된다.

● 주어 역할 : '~하는 것은', '~하기는'으로 해석한다.

To camp alone in the woods is dangerous.
숲에서 혼자 야영하는 것은

= **It** is dangerous **to camp** alone in the woods.
가주어　　　　　　　　　진주어

● 목적어 역할 : '~하는 것을', '~하기를'로 해석한다.

Do you want **to play** computer games? 컴퓨터 게임하기를

● 보어 역할 : '~하는 것(이다)', '~하기(이다)'로 해석한다.

My dream is **to speak** five languages. 5개 국어를 말하는 것(이다)

to부정사 (to + 동사원형)	명사적 용법	◀ 명사 역할 (주어, 목적어, 보어)
	형용사적 용법	◀ 형용사 역할 (명사, 대명사 수식)
	부사적 용법	◀ 부사 역할 (목적, 원인 등)

Grammar+
현대 영어에서는 가주어 it을 문장 앞에 쓰고, to부정사구 전체(진주어)를 문장 뒤에 두는 것이 자연스럽다.

2 형용사적 용법: 명사 뒤에서 명사나 대명사를 꾸며 준다.

● 명사 + to부정사 : '~할', '~하는'으로 해석한다.

You don't have enough time **to do** it. 그것을 할 충분한 시간

● 명사 + to부정사 + 전치사 : 명사가 전치사의 목적어일 경우

I need a spoon **to eat with**. (← eat with a spoon)
I have many things **to talk about**. (← talk about many things)

Grammar+
be to 용법
1. They **are to** have a meeting tomorrow. (예정) – 주로 공식적인 일
2. You **are to** come home early. (의무)
3. Nobody **was to** be seen on the street. (가능)
4. If you **are to** become rich, you should work hard. (의도, 조건)
5. They **were never to** meet again. (운명)

3 부사적 용법: 부사처럼 동사, 형용사 등을 꾸며 준다.

● 목적 : 행동의 목적을 나타내며, '~하기 위해서'라고 해석한다.

John stopped **to take** pictures of the wonderful view. 사진을 찍기 위해서

● 원인 : 감정의 원인을 나타내며, '~하니까', '~해서'라고 해석한다.

She was shocked **to hear** the news that he died. 그가 죽었다는 소식을 들어서

● 형용사 수식 : '~하기에'라고 해석한다.

French is difficult **to learn**. 배우기에 어려운

▶**Check**
괄호 안의 단어를 알맞게 배열하고 우리 말 뜻을 쓰시오.
1. Jenny likes (exciting, do, to, things).
　➡ Jenny는 _____ 좋아한다.
2. It is good (to, diary, keep, a).
　➡ _____ 좋다.
3. I want some friends (with, to, soccer, play).
　➡ 나는 _____ 친구들을 원한다.

4 의문사+to부정사

how to	~하는 법, 어떻게 ~할지	where to	어디로 ~할지
what to	무엇을 ~할지	which (명사) to	어떤 …을 ~할지
when to	언제 ~할지	whether to	~할지 말지

Please tell me **how to get** to the station. 어떻게 가는지
I don't know **what to say** about that topic. 무엇을 말할지를

✱ 의문사 why는 뒤에 to부정사를 사용하지 못한다. I don't know why to go. (×)

▶**Check**
괄호 안에서 알맞은 것을 고르시오.
4. I don't know (what, how) to drive a car.
5. He asked me (where, why) to put the box.

정답 | 1. to do exciting things, 흥미진진한 일들을 하는 것을 2. to keep a diary, 일기를 쓰는 것이 3. to play soccer with, 함께 축구를 할 4. how 5. where

Practice Test

정답과 해설 p. 1

A 다음 밑줄 친 부분의 우리말 뜻을 쓰시오.

1. They decided <u>to go to the theater</u>.
2. <u>To understand other people</u> is difficult.
3. He was sad <u>to lose the race</u>.
4. Give him <u>something to drink</u>.

A theater [θíətər] 극장

B 주어진 상자에서 다음 빈칸에 알맞은 말을 골라 쓰시오.

> what to do   where to buy   when to visit   how to ride

1. **A** Do you want to ride a bike?
   B Yes, but I don't know _____ _____ _____ a bike.
2. **A** I filled out this form. Please tell me _____ _____ _____ next.
   B Just give it to me.
3. **A** Did you decide to visit Mr. Andrews?
   B Yes, but I wonder _____ _____ _____ him.

B ride a bike 자전거를 타다
fill out (서류를) 작성하다

C 다음 대화의 빈칸에 알맞은 것은?

> **A** When are you going to leave?
> **B** We expect _____ tomorrow.

① leave   ② left   ③ to leave   ④ have left

C expect [ikspékt] ~을 기대하다

D 다음 우리말과 같도록 주어진 단어들을 바르게 배열하시오.

1. 거짓말을 하는 것은 나쁘다.
   It is wrong _____ _____ _____ _____. (lie, tell, a, to)
2. 나는 말을 걸 친구가 없다.
   I have _____ _____ _____ _____ _____.
   (friend, to, to, no, talk)
3. 그는 설거지를 하기 위해 부엌으로 갔다.
   He went to _____ _____ _____ _____ _____ _____.
   (dishes, the, the, to, kitchen, wash)

D tell a lie 거짓말하다
wash the dishes 설거지하다

Unit 03 to부정사의 주요 구문

1 too+형용사[부사]+to부정사 : 너무 ~해서 …할 수 없는

= so+형용사[부사]+that+주어+can't[couldn't]+동사원형

- I'm very tired. + I can't go to the meeting.
  = I'm **too** *tired* **to go** to the meeting.
  나는 너무 피곤해서 모임에 갈 수 없다.
  = I'm **so** *tired* **that I can't go** to the meeting.

- That box was **too** *heavy* for John to lift. **⊙** Unit 05 의미상의 주어
  의미상의 주어
  = That box was **so** *heavy* **that John couldn't lift** it.
  저 상자는 너무 무거워서 John은 그것을 들 수가 없었다.

  it은 That box를 가리키며
  생략 불가

too ~ to	너무 ~해서 …할 수 없는
	= so ~ that+주어+can't+동사원형
enough to	~할 만큼 충분히 …한
	= so ~ that+주어+can+동사원형
seem to [seemed to]	~해 보인다[보였다]
	= It seems[seemed] that+주어+동사

2 형용사[부사]+enough to부정사 : ~할 만큼 충분히 …한

= so+형용사[부사]+that+주어+can[could]+동사원형

enough는 반드시 형용사나 부사
뒤에 와야 한다.

- Ian was kind. + He took me home.
  = Ian was *kind* **enough to take** me home.
  Ian은 나를 집에 데려다 줄 만큼 충분히 친절했다.
  = Ian was **so** *kind* **that he could take** me home.

- My camera is *small* **enough for you to carry** in your pocket.
  의미상의 주어
  = My camera is **so** *small* **that you can carry** it in your pocket.
  내 카메라는 네가 호주머니에 넣고 다닐 만큼 충분히 작다.

  it은 My camera를 가리키며
  생략 불가

3 seem[seemed]+to부정사 : ~해 보인다[보였다]

= It seems[seemed] that+주어+동사

- Her dog **seems to understand** English. 그녀의 개는 영어를 이해하는 것처럼 보인다.
  = **It seems that** her dog **understands** English.

- The children **seemed to be** happy. 그 아이들은 행복한 것처럼 보였다.
  = **It seemed that** the children **were** happy.

▶**Check**
빈칸에 알맞은 말을 쓰시오.
1. A piano is so heavy that we can't lift it.
  = A piano is _____ heavy _____ lift.

Grammar+
enough+명사+to부정사: ~할 만큼 충분한 …(명사)
- Do you have **enough money to buy** that car? 너는 저 차를 살 만큼 충분한 돈이 있니?
- We don't have **enough water to drink.** 우리는 마실 충분한 물이 없다.

▶**Check**
밑줄 친 부분을 바르게 고치시오.
2. He ran enough slowly for me to follow.

▶**Check**
우리말에 맞게 괄호 안의 단어를 알맞은 형태로 바꿔 빈칸에 쓰시오.
3. She seems _____ _____ lots of friends. (have)
  그녀는 친구가 많아 보인다.
4. He seemed _____ _____ sick. (be) 그는 아픈 것처럼 보였다.

정답 | 1. too, to 2. slowly enough
3. to have 4. to be

seem(s) to understand(현재)

seemed to be happy(과거)   현재

Practice Test

정답과 해설 p. 1

A 다음 빈칸에 알맞은 말을 too와 enough 중에서 골라 쓰시오.

1. John is only thirteen. He is _____ young to get a driver's license.
2. Are you hungry _____ to eat three hamburgers?
3. Mira was old _____ to understand her father.
4. I can't buy it. That ring is _____ expensive for me to buy.

B 다음 두 문장이 같은 뜻이 되도록 빈칸에 알맞은 말을 쓰시오.

1. This bag is small. So the children can carry it.
   = This bag is _____ _____ for the children to carry.
2. This envelope is small. We can't put those books in it.
   = This envelope is _____ _____ to put those books in.
3. It seems that he fixes the computer.
   = He _____ _____ _____ the computer.

C 다음 문장에서 어법상 어색한 부분을 고치시오.

1. I was to sleepy to finish my homework last night.
2. Mike's grades aren't enough good for him to apply to U.C.L.A.*
3. She seemed be seriously ill.

D 다음 빈칸에 알맞은 것은?

> Mary collects information and writes articles for several newspapers.
> _____ a journalist.

① It seems to be
② It seemed to be
③ She seems to be
④ She seemed to be

A get a driver's license
운전면허를 따다

B carry [kǽri] 옮기다, 가지고 다니다
envelope [énvəlòup] 봉투
fix [fiks] 고치다

★U.C.L.A.

University of California at Los Angeles의 약자. 미국의 대학은 한 곳에 모두 모여 있지 않고 단과대학 중심으로 두세 도시에 캠퍼스가 나뉘어 있는 경우가 많다. U.C.L.A.는 로스앤젤레스에 위치한 캘리포니아 대학을 말한다.

C apply [əplái] (입학원서나 구직) 신청을 하다
seriously [síəriəsli] 심각하게

D collect [kəlékt] 모으다, 수집하다
information [ìnfərméiʃən] 정보
article [á:rtikl] 기사
journalist [dʒə́:rnəlist] 보도 기자

Unit 04 목적격보어로 쓰이는 부정사

• 「to+동사원형」의 형태를 to부정사라고 하며, to가 붙지 않고 동사원형만 쓰는 부정사를 원형부정사라고 한다.

Grammar+
목적격보어 : 목적어를 보충 설명하는 말이며, 목적어는 이 목적격보어를 행하는 주체(의미상의 주어)가 된다.

1 동사+목적어+to부정사 : to부정사는 목적격보어 ○ Unit 01 문장의 구조 — 목적격보어

tell, want, ask, advise, allow, order, expect 등

She told <u>Kevin</u> **to eat** more vegetables.
목적어　목적격보어 : 먹는(eat) 주체는 She가 아니라, Kevin
그녀는 Kevin에게 채소를 더 먹으라고 말했다.

I want you **to be** more careful.
나는 네가 좀 더 조심하기를 원해.

They asked him **to speak** loudly.
그들은 그에게 크게 말하라고 부탁했다.

2 지각동사+목적어+원형부정사 : 원형부정사는 목적격보어

see, watch, hear, feel 등과 같이 사람의 지각(보다, 듣다, 느끼다 등)을 나타내는 동사

I saw <u>Tom</u> **break** into Ann's house.　나는 Tom이 Ann의 집에 침입하는 것을 봤다.
목적어　목적격보어 : Ann의 집에 침입한(break into Ann's house) 주체는 I가 아니라, Tom

I heard someone **shout** in the distance.　나는 멀리서 누군가가 소리치는 것을 들었다.

Did you feel the house **shake** just now?　너는 집이 지금 막 흔들린 것을 느꼈니?

✱ 지각동사의 목적격보어로 현재분사가 쓰이기도 하며, 현재분사는 진행의 의미를 나타낸다.
　I saw Tom **walking** down the street.　나는 Tom이 거리를 걸어 내려가고 있는 것을 보았다.

▶Check
괄호 안의 말을 바르게 배열하시오.
1. Do you want (come, to, me, early)?
2. Jack asked (her, to, books, the, carry).
3. The doctor advised (to, me, exercise) regularly.

3 사역동사+목적어+원형부정사 : 원형부정사는 목적격보어

make(시키다-강요), have(시키다-가벼운 지시), let(허락하다) 등의 동사

She made me **wait** outside the store.　그녀는 내가 가게 밖에서 기다리도록 시켰다.
목적어　목적격보어 : 기다리는(wait) 주체는 She가 아니라, me

I had him **paint** the fence.　나는 그가 담장을 칠하도록 했다.

He let me **drive** his car.　그는 내가 그의 자동차를 운전하는 것을 허락했다.

▶Check
괄호 안에서 알맞은 것을 고르시오.
4. I felt my heart (beat, to beat) violently.
5. They heard the girl (sings, singing).
6. They watched the children (cross, crossed) the road.

4 help+목적어+to부정사[원형부정사] : to부정사[원형부정사]는 목적격보어

help는 목적격보어로 to부정사나 원형부정사를 쓸 수 있다.

Bill **helped** Jenny **(to) clean** the floor.　Bill은 Jenny가 바닥을 청소하는 것을 도왔다.

Jenny will **help** me **(to) write** the report in English.
Jenny는 내가 영어로 보고서를 쓰는 것을 도와 줄 것이다.

▶Check
밑줄 친 부분을 바르게 고치시오.
7. Let me to try it again.
8. Can you help me puts up the tent?
9. You should have a dentist checked your teeth.

정답 | 1. me to come early　2. her to carry the books　3. me to exercise
4. beat　5. singing　6. cross　7. try　8. (to) put　9. check

A 주어진 상자에서 다음 빈칸에 알맞은 단어를 골라 올바른 형태로 쓰시오.

| call | carry | go | know | touch |

1. I heard my sister _____ upstairs.
2. Please let me _____ the results later.
3. Mr. White wants you _____ him and say, "I'm sorry."
4. I felt someone _____ my back.
5. I helped the old man _____ his bag of money to the bank.

A upstairs [ʌ́pstέərz] 위층으로
result [rizʌ́lt] 결과

B 다음 밑줄 친 부분을 바르게 고치시오.

1. We <u>watched them to do</u> their experiment.
2. He <u>told me get back</u> home before dark.
3. His parents <u>let him traveling</u> abroad this year.
4. Mrs. White will <u>help you finding</u> the building.

B-1 다음 밑줄 친 부분을 바르게 고치시오

1. Her stories always <u>make us to laugh</u>.
2. Did you <u>see the accident to happen</u>?

B experiment [ikspérəmənt] 실험
travel abroad 국외를 여행하다

C 다음 빈칸에 알맞은 것은?

Did you hear what I said, or do you want _____ ?

① repeat it
② to repeat it
③ me repeat it
④ me to repeat it

C repeat [ripíːt] 반복하다

D 다음 우리말과 같도록 빈칸에 알맞은 말을 쓰시오.

1. 그녀의 아버지는 그녀에게 책을 더 많이 읽으라고 충고했다.
   Her father _____ more books.
2. 그의 어머니는 그가 자전거를 사는 것을 허락해 주셨다.
   His mother let _____.
3. 우리는 작은 새들이 나무에서 노래하고 있는 것을 들었다.
   We _____ in the trees.

to부정사의 의미상의 주어, 부정, 독립부정사

• 동사에 주어가 있듯이, 동사에서 변형된 to부정사에도 그 동작의 주체가 있다. 이 주체를 to부정사의 의미상의 주어라고 한다.

1 to부정사의 의미상의 주어

● **for+목적격** : 일반적인 to부정사의 의미상의 주어 형태

It's natural **for you** to get angry. 네가 화내는 것은 당연하다.
　　　　　　　의미상의 주어 : 화를 내는 주체는 you

It's necessary **for her** to leave here soon.
그녀는 여기를 곧 떠날 필요가 있다.

This song is too difficult **for me** to play.
이 노래는 내가 연주하기에는 너무 어렵다.

This is big enough **for my father** to wear.
이것은 아버지가 입을 만큼 충분히 크다.

It 가주어	is 동사	hard 형용사	for me 의미상의 주어	to run fast. 진주어

내가 빨리 달리는 것은 힘들다.

It 가주어	is 동사	kind 성격·태도의 형용사	of you 의미상의 주어	to say so. 진주어

네가 그렇게 말하다니 친절하구나.

● **of+목적격** : 사람의 성격·태도를 나타내는 형용사 (비난, 칭찬의 의미) 뒤에서 쓰임
kind, nice, smart, wise, foolish, stupid, silly, careful, careless 등

It was *stupid* **of him** to believe her. 그가 그녀를 믿은 것은 어리석었다.

It was *careless* **of her** to take the wrong bus. 그녀가 버스를 잘못 탄 것은 부주의했다.

Grammar+
의미상의 주어를 따로 밝히지 않을 때
1. to부정사의 의미상의 주어 = 일반 대중
   It's very important to study English in Korea.
2. to부정사의 의미상의 주어 = 문장의 주어
   John was too busy to help you.
3. 「동사+목적어+to부정사」 형태에서는 목적어가 의미상의 주어
   Tom wants **me** to help him.

2 to부정사의 부정 : to 바로 앞에 not이나 never를 쓴다.

Jack told me **not to touch** anything. Jack은 나에게 아무것도 만지지 말라고 말했다.
He told me **never to go** there again. 그는 나에게 그곳에 다시는 가지 말라고 말했다.
She left earlier than planned in order **not to see** him.
　　　　　　　　　　　　　　　　　in order to의 부정도 to 앞에 not을 쓴다.
그녀는 그를 만나지 않으려고 계획보다 일찍 떠났다.

▶Check
괄호 안에서 알맞은 것을 고르시오.
1. It was nice (for you, of you) to take care of my son.
2. It is very kind (for you, of you) to lend me your bicycle.

▶Check
밑줄 친 부분을 바르게 고치시오.
3. He studied hard in order <u>to not fail</u> the test.
4. Mrs. Baker told <u>not her kids to open</u> the window.

3 독립부정사 : 독립적으로 쓰이면서 문장 전체를 꾸며 준다.

strange to say	이상한 말이지만	to be honest	사실은
to tell the truth	사실을 말하자면	not to mention	~은 말할 것도 없이
so to speak	말하자면	to be frank with you	솔직히 말해서
to make matters worse	설상가상으로		

Strange to say, I have had the same dream for three nights.
이상한 말이지만, 나는 3일 동안 똑같은 꿈을 꿨다.

To make matters worse, it began to rain heavily.
설상가상으로, 비가 심하게 오기 시작했다.

▶Check
우리말에 맞게 빈칸에 알맞은 말을 쓰시오
5. She is, ____ ____ ____, an angel on earth.
그녀는, 말하자면, 이 세상의 천사다.

[09~10] 다음 우리말과 같도록 주어진 단어들을 바르게 배열하시오.

〔고난도〕

09
엄마는 내가 컴퓨터 게임을 하지 않기를 원하셨다.
➡ My mom _____ _____ _____
_____ _____ computer games.
(me, to, wanted, play, not)

10
잘못된 정보는 사람들이 잘못된 선택을 하게 만든다.
➡ Wrong information _____ _____
_____ _____ _____ . (make,
people, makes, bad choices)

[11~12] 다음 문장에서 어법상 <u>어색한</u> 부분을 고치시오.

11
She couldn't decide to wear what to the concert.

12
I think you should let your sister knowing how you feel.

〔고난도〕

13 다음 대화를 요약할 때 빈칸에 알맞은 말을 쓰시오.

A Should we buy a new car?
B No, I don't think that's a good idea right now.
A I think you're right.

➡ They decided _____ _____ _____
a new car.

14 다음 대화의 빈칸에 알맞은 것은?

A Your brother looks upset.
B Well, he says he's all right now, but he still seems _____ angry.

① be
② to being
③ that he is
④ that he was
⑤ to be

15 (A), (B), (C)의 각 네모 안에서 어법에 맞는 표현을 고르시오.

His mother decided (A) give/to give him a computer for his twelfth birthday. At first she only let him (B) use/to use it for an hour a day. She didn't want it (C) damage/to damage his eyes.

16 다음 빈칸에 공통으로 알맞은 것은?

• Tom made _____ money to support himself.
• She was old _____ to travel abroad alone.

① much
② lot
③ enough
④ too
⑤ such

17 다음 빈칸에 알맞은 것은?

Do you know what to do when an accident happens? What is wrong with the treatments given in the following cases? Think about it, and find out the best way _____ everyday accidents. [교과서 지문]

① handle
② handled
③ handles
④ handling
⑤ to handle

Review Test

18 다음 밑줄 친 부분 중 어법상 <u>어색한</u> 것은?

> Zeus fell in love ⓐ <u>with</u> Callisto. One day, ⓑ <u>when</u> he was with her, he saw his wife Hera ⓒ <u>comes</u>. Zeus turned Callisto ⓓ <u>into</u> a big bear so that Hera ⓔ <u>couldn't</u> know it was her.
>
> [교과서 지문]

① ⓐ   ② ⓑ   ③ ⓒ   ④ ⓓ   ⑤ ⓔ

[19~20] 다음 글을 읽고, 물음에 답하시오.

> I thanked Dad for bringing me to the exhibition. I always thought art was _____ⓐ_____. But the artworks I saw today were different. They were easy enough _____ⓑ_____ me to understand. Also, they were fun. Now I think that art can be made from anything around us.
>
> [교과서 지문]

19 다음 우리말과 같도록 주어진 단어를 이용하여 빈칸 ⓐ에 알맞은 말을 네 단어로 쓰시오.

> 나는 항상 예술은 이해하기에 너무 어렵다고 생각했다.
> ➡ I always thought art was _____ _____. (difficult, understand)

20 위 글의 빈칸 ⓑ에 알맞은 것은?

① of   ② for   ③ to
④ in   ⑤ with

21 엄마가 출장을 가시면서 남긴 쪽지이다. 쪽지를 보고, 다음 문장을 완성하시오.   [10점]

> (1) Eat the food on the table.
> (2) Don't watch TV too much.
> (3) Do your homework.
> (4) Take care of your brother.
> (5) Go to bed early.

(1) My mother wanted me _____.
(2) My mother told _____.
(3) My mother made _____.
(4) My mother asked _____.
(5) My mother wanted _____.

22 다음 글을 읽고, 어법상 <u>어색한</u> 부분을 바르게 고치시오.   [8점]

> My mother asked my younger brother wash her car. She thinks he is too old to do it. My younger brother, however, seems think he is so young to wash the car. He says that it is too hard of him to wash the car and he doesn't know what do.

➡ My mother asked (1) _____ _____. She thinks (2) _____.
My younger brother, however, (3) _____ _____. He says
that it is too hard (4) _____ _____.

Chapter 03

동명사

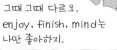

Unit 06 동명사의 역할

• 동명사는 「동사원형+-ing」의 형태로, 문장에서 명사 역할을 한다.

1 동명사의 역할

동명사는 문장에서 명사가 하는 역할(주어, 보어, 목적어 역할)을 하면서 동사의 성질(목적어, 보어, 수식어를 취함)을 갖는다.

Becoming a doctor is hard. (주어 역할)
의사가 되는 것은 – 동명사가 동사처럼 보어(a doctor)를 취함

Your problem is **eating** too much. (보어 역할)
너무 많이 먹는 것(이다) – 동명사가 동사처럼 수식어(too much)를 취함

I like **surfing** the Internet. (동사 like의 목적어 역할)
인터넷 서핑하는 것을 – 동명사가 동사처럼 목적어(the Internet)를 취함

Kevin was interested in **taking** pictures last year. (전치사 in의 목적어 역할)
사진을 찍는 것에

✱ to부정사는 전치사의 목적어로 쓰이지 않는다.
Kevin was interested in to take pictures last year. (×)

Playing tennis	—	is	—	my hobby.	(주어)
My hobby	—	is	—	playing tennis.	(보어)
I	—	enjoy	—	playing tennis.	(동사의 목적어)
I	—	am good at	—	playing tennis.	(전치사의 목적어)

▶ **Check**
괄호 안에서 알맞은 것을 고르시오.
1. (Swim, Swimming) in the river is a lot of fun.
2. Is your hobby (taken, taking) pictures of birds?
3. Don't be afraid of (to make, making) mistakes.

2 동명사의 부정 : 부정어 not, never 등을 동명사 앞에 쓴다.

He is proud of **never being** late for school.
그는 학교에 절대 지각하지 않는 것을 자랑스러워 한다.

I have a habit of **not going** to bed before 10.
나는 10시 이전에는 잠자리에 들지 않는 습관이 있다.

Not saying "Thank you" is rude. "감사합니다."라고 말하지 않는 것은 무례하다.

▶ **Check**
not이 들어갈 알맞은 위치를 고르시오.
4. I (①) remember (②) closing (③) the door.
5. (①) Coming (②) late is very (③) important.

3 동명사의 의미상의 주어 ▶ to부정사의 의미상의 주어 Unit 05

동명사의 의미상의 주어를 밝혀야 할 때는 동명사 앞에 소유격을 쓰는 것이 원칙이다. 구어체에서는 목적격을 쓰기도 한다.

I am sorry for **my son's being** late. 내 아들이 늦어서

My sister doesn't like **my riding** her bicycle. 내가 그녀의 자전거를 타는 것을

I can't stand **him shouting** when he is angry. 그가 소리치는 것을 참을 수 없다

✱ 동명사의 의미상의 주어 (동작을 행하는 주체)를 밝히지 않는 경우
1. 의미상의 주어가 일반 대중일 때
   Eating too much ice cream is bad for our health.
2. 문장의 주어가 의미상의 주어일 때
   I am sorry for **being** late.
3. 문장의 목적어가 의미상의 주어일 때
   Please forgive **me** for **making** some mistakes.

▶ **G**rammar+
this, those, all, both 등이 의미상의 주어일 때는 따로 소유격이 없으므로 그대로 쓴다.
I never heard of **this** happening.

▶ **Check**
괄호 안에서 알맞은 것을 고르시오.
6. Thank you for (your, 불필요) calling me.
7. I don't mind (he, his) opening the window.

정답 | 1. Swimming 2. taking 3. making 4. ② 5. ① 6. 불필요 7. his

Practice Test

정답과 해설 p. 3

A 다음 빈칸에 알맞은 것을 고르시오.

1. ┌──┐
   │ _____ is good for your health. │
   └──┘

   ① Jogging   ② Jog   ③ Jogged   ④ You jog

2. ┌──┐
   │ I feel sorry about _____ you sooner. │
   └──┘

   ① to not call   ② not to call   ③ calling not   ④ not calling

B 다음 두 문장의 뜻이 같도록 빈칸에 알맞은 말을 쓰시오.

1. Wash your hands before you eat lunch.

   = Wash your hands before _____ lunch.

2. He said nothing, and went out of the room.

   = He went out of the room without _____ a word.

3. You helped me with my homework. Thank you.

   = Thank you for _____ me with my homework.

C 다음 우리말과 같도록 주어진 단어들을 바르게 배열하시오.

1. 밤에 혼자 걸어다니는 것은 위험하다.

   ➡ _____ _____ _____ _____ is dangerous.

   (night, at, alone, walking)

2. Helen은 그가 그녀에게 정직하지 않다고 불평했다.

   ➡ Helen complained about _____ _____ _____ _____
   with her. (honest, him, being, not)

D 다음 문장을 밑줄 친 부분에 유의하여 해석하시오.

1. I thanked him for saving me.
2. We are proud of winning the game.
3. I was surprised at her passing the exam.
4. They dislike Bill playing outside till late.
5. Mary's being late made us angry.

A-1 다음 빈칸에 알맞은 것을 고르시오

She was angry at _____ breaking the vase.

① of Ann   ② Ann's
③ for Ann   ④ to Ann

A jog [dʒɑg] 조깅하다
  health [helθ] 건강

B say nothing 아무말도 않다
  without [wiðáut] ~ 없이

C dangerous [déindʒərəs] 위험한
  complain [kəmpléin] 불평하다

D thank A for B
  A에게 B에 대해 고마워하다
  be proud of
  ~을 자랑스럽게 여기다
  be surprised at ~에 놀라다
  exam [igzǽm] 시험

Unit 07 동명사와 to부정사를 목적어로 취하는 동사

1 동명사를 목적어로 취하는 동사

> avoid (피하다) enjoy finish mind (꺼리다) give up (포기하다)

You should **avoid eating** before you go to bed.
Have you **finished cleaning** your room?

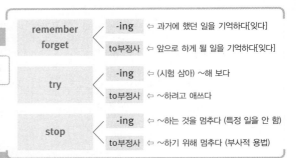

remember forget	-ing	⇦ 과거에 했던 일을 기억하다[잊다]
	to부정사	⇦ 앞으로 하게 될 일을 기억하다[잊다]
try	-ing	⇦ (시험 삼아) ~해 보다
	to부정사	⇦ ~하려고 애쓰다
stop	-ing	⇦ ~하는 것을 멈추다 (특정 일을 안 함)
	to부정사	⇦ ~하기 위해 멈추다 (부사적 용법)

2 to부정사를 목적어로 취하는 동사

> decide expect (기대하다) hope plan promise want wish

I have **decided to carry** out my plan. 나는 내 계획을 실행하기로 결심했다.
I **promised** not **to do** that again.

＊ 동명사에는 '그 전에 한 일 또는 이미 하고 있는 일'이라는 과거의 의미가 담겨 있다.
to부정사는 '앞으로 할 일'이라는 미래의 의미가 담겨 있다.
따라서 소망, 계획, 의도 등을 나타내는 동사(wish, hope, plan 등) 뒤에는 to부정사가 온다.

3 동명사와 to부정사를 목적어로 취하는 동사 : 의미의 차이가 거의 없음

> begin hate like love start

Sarah **loves singing**[**to sing**] old folk songs.
Kelly **started crying**[**to cry**] when she heard the news.

4 동명사와 to부정사를 목적어로 취하는 동사 : 의미의 차이가 있음

> remember forget try regret

● Do you **remember closing** the window? 너는 창문을 닫았던 것을 기억하니?
Please **remember to close** the window. 창문을 닫을 것을 기억해라.

● I'll never **forget meeting** him. 나는 그를 만났던 것을 결코 잊지 못할 것이다.
Don't **forget to meet** him. 그를 만날 것을 잊지 마라.

● She **tried moving** the desk, and found it was not heavy.
그녀는 시험 삼아 책상을 움직여 봤는데, 그것이 무겁지 않다는 것을 알았다.
She **tried to move** the desk, but she couldn't.
그녀는 책상을 움직이려고 했으나, 할 수 없었다.

cf. Kelly **stopped taking** pictures. Kelly는 사진 찍는 것을 그만두었다.
Kelly **stopped to take** pictures. Kelly는 사진을 찍기 위해서 멈췄다.

▶**Check**
밑줄 친 부분을 알맞은 형태로 고치시오.
1. Let's finish clean the room.
2. They decided go there by plane instead of by train.
3. He has finally given up smoke.

▶**Check**
괄호 안에서 알맞은 것을 고르시오.
4. My brother hates (speak, speaking) in public.
5. I began (understand, to understand) what she was saying.

Grammar+
1. **regret** + 동명사 : 과거의 행동에 대한 후회를 나타냄
I **regret telling** her the truth.
나는 그녀에게 진실을 말했던 것을 후회한다.
2. **regret** + to부정사 : 어떤 행동을 하게 되어 유감이라는 의미
I **regret to tell** you I cannot accept your offer. 나는 당신의 제안을 받아들일 수 없다는 것을 말하게 되어 유감이다.

▶**Check**
괄호 안에서 알맞은 것을 고르시오.
6. I remember (to mail, mailing) a letter yesterday.
7. I tried (to send, sending) an e-mail to her, but I couldn't.

정답 | 1. cleaning 2. to go 3. smoking 4. speaking 5. to understand 6. mailing 7. to send

A 다음 우리말과 같도록 괄호 안에서 알맞은 것을 고르시오.

1. 나는 전에 어디선가 그를 본 기억이 난다.
   I remember (to see, seeing) him somewhere before.
2. Jeff와 우연히 마주쳤을 때, 나는 그에게 말을 걸려고 멈췄다.
   When I ran into Jeff, I stopped (to talk, talking) to him.
3. 나는 그에게 돈을 달라고 했던 것을 후회했다.
   I regretted (to ask, asking) him for money.

B 다음 빈칸에 알맞은 것을 고르시오.

1. _____ He was rude to me.

   ① I stopped helping John.   ② I stopped to help John.

2. Everybody is sleeping now. _____

   ① Please try to be quiet.   ② Please try being quiet.

3. I'll never forget meeting the president. _____

   ① I expect to see him.   ② It was so exciting.

C 가장 관련 있는 것끼리 연결하여 문장을 완성하시오.

1. They decided •   • ① to become a doctor one day.
2. Sam enjoyed •   • ② reading scary books nowadays.
3. Joanne hopes •   • ③ watching the play last night.
4. I hate •   • ④ to sell their old house.

D 다음 밑줄 친 부분 중 어법상 어색한 것을 고르시오.

1. You ① must not forget ② posting ③ this letter by tomorrow. ④ It's very important.
2. We decided ① to go on a trip to the mountains but forgot ② taking the map, ③ so we stopped ④ to buy one at a gas station.

A-1 다음 우리말과 같도록 괄호 안에서 알맞은 것을 고르시오.

나는 항상 너무 많이 먹는 것을 피하려고 노력한다.
I always try (avoiding, to avoid) (eating, to eat) too much.

A run into 우연히 만나다

B rude [ruːd] 무례한

C scary [skέəri] 무서운
nowadays [náuədèiz] 요즘에는

D post [poust] (우편물을) 부치다
trip [trip] 여행
gas station 주유소

Unit 08 동명사를 이용한 주요 구문

look forward to -ing	~하는 것을 기대하다
cannot help -ing	~하지 않을 수 없다
feel like -ing	~하고 싶다
spend+시간[돈]+(in+) -ing	~하는 데 시간[돈]을 쓰다
be busy -ing	~하느라 바쁘다
be worth -ing	~할 가치가 있다
It is no use -ing	~해도 소용없다

1 look forward to + -ing : ~하는 것을 기대하다

I'm **looking forward to seeing** you again.
I'm **looking forward to going** on a picnic this weekend.

2 cannot help + -ing : ~하지 않을 수 없다
(= cannot but + 동사원형)

I **couldn't help laughing** when I saw his haircut.
= I **could not but laugh** when I saw his haircut.
그가 이발한 것을 보고 나는 웃지 않을 수 없었다.

The film was so sad that I **couldn't help weeping**.
영화가 너무 슬퍼서 나는 흐느껴 울지 않을 수 없었다.

✱ 「cannot help + -ing」가 「cannot but + 동사원형」보다는 더 구어적인 표현이다.

3 feel like + -ing : ~하고 싶다(= want + to부정사)

I **feel like eating** Italian food. 나는 이탈리아 음식을 먹고 싶다.
I don't **feel like going** out tonight. 나는 오늘 밤에 나가고 싶지 않다.

4 spend + 시간[돈] + (in +) -ing : ~하는 데 시간[돈]을 쓰다

He **spent** 18 months **working** on the project.
그는 그 프로젝트를 작업하는 데 18개월을 보냈다.
I **spent** last weekend **watching** TV. 나는 TV를 보면서 지난 주말을 보냈다.

5 be busy + -ing : ~하느라 바쁘다

She **was busy cleaning** her room yesterday. 그녀는 어제 방청소를 하느라 바빴다.
Rachel **is busy studying** for her exams. Rachel은 시험 공부하느라 바쁘다.

6 be worth + -ing : ~할 가치가 있다

This book **is worth reading.** 이 책은 읽을 가치가 있다.
Are the classes **worth taking**? 그 수업은 받을 가치가 있니?

7 It is no use + -ing : ~해도 소용없다 (= It is useless + to부정사)

It is no use worrying about the past. 과거에 대해 걱정해도 소용없다.
It is no use trying to calm him down. 그를 진정시키려고 노력해도 소용없다.

▶ **Check**
밑줄 친 부분을 알맞은 형태로 고치시오.
1. I feel like <u>to sleep</u> now.
2. I am looking forward to <u>hear</u> from you.
3. I cannot but <u>to think</u> about the accident.
4. I spent five hours <u>reads</u> this book.
5. She is busy <u>took</u> care of her dogs.
6. The movie is worth <u>watch</u>.
7. It's no use <u>sent</u> her some flowers now.
8. She could not help <u>cry</u> when she heard the news.

정답 | 1. sleeping 2. hearing 3. think 4. reading 5. taking 6. watching 7. sending 8. crying

A 다음 밑줄 친 부분 중 어법상 어색한 것은?

London is worth ① <u>to visit</u>. You can see many famous buildings: ② <u>For example</u>, London Tower, Westminster Abbey,* ③ <u>and so on</u>. I want you ④ <u>to visit</u> London someday.

B 괄호 안의 동사를 이용하여 다음 대화의 빈칸에 알맞은 말을 쓰시오.

1. **A** I'm worried about my son.
   B What's wrong with your son?
   A He spends all his time in his room _____ the Internet. (surf)

2. **A** I'm looking forward _____ _____ to the concert tonight. (go)
   B Me, too. I can't wait.

C 다음 대화의 밑줄 친 부분 중 어법상 어색한 것은?

A Hey, ① <u>look who's here!</u>
B Hi, Jack. Long time no see.
A ② <u>It's been a long time since I saw you last.</u>
    How have you been?
B ③ <u>I've been busy to prepare for a trip.</u>
A A trip? When and where are you going?
B ④ <u>I'm leaving for England this Sunday.</u>

D 다음 우리말과 같도록 주어진 단어를 이용하여 빈칸에 알맞은 말을 쓰시오.

1. 스카이다이빙은 흥미로워 보여. 너는 그것이 해볼 만한 가치가 있다고 생각하니? (try)
   ➡ Skydiving looks exciting. Do you think it's _____ _____?

2. 나는 그가 뭔가를 숨기고 있다고 생각하지 않을 수 없다. (think)
   ➡ I can't _____ _____ he is hiding something.

3. 그에게 조언을 요청해도 소용없다. (ask)
   ➡ It is no _____ _____ him for advice.

A for example 예를 들면
abbey [ǽbi] 수도원
and so on 기타 등등

★Westminster Abbey
런던 서쪽에 위치해 있는 대사원. 8세기경 에드워드 왕이 사망하자, 노르만인 William이 왕의 정당한 계승자임을 보여주기 위해 이 사원에서 대관식을 성대하게 치렀다. 그 후 40년간 왕들은 이곳에서 대관식을 거행하게 되었다. 영국의 역대 왕들뿐 아니라, 올리버 크롬웰, 아이작 뉴턴, 찰스 다윈, 찰스 디킨스, 헨델 등 영국을 대표하는 인사들이 안장되어 있다.

B be worried about
~을 걱정하다

D hide [haid] 숨기다
advice [ædváis] 충고

Review Test

01 다음 빈칸에 알맞은 것끼리 바르게 짝지어진 것은?

> · Mike, I don't like _____ going to the movies.
> · I can't stand _____ crying when he is watching TV.

① you – me
② your – she
③ him – our
④ his – he
⑤ your – him

[02~03] 다음 문장에서 어법상 어색한 부분을 고치시오.

02
> She stopped to talk when I came into the room. She was probably talking about me.

03
> Watching bears in the wild is exciting and fun, but you must remember keeping your distance.

04 다음 빈칸에 알맞지 않은 것은?

> I _____ listening to classical music.

① gave up
② enjoyed
③ finished
④ hoped
⑤ stopped

[05~06] 다음 우리말과 같도록 빈칸에 알맞은 말을 쓰시오.

05
> 나는 그녀가 죽었다는 말을 들었을 때 울지 않을 수 없었다.
> ➡ I _____ _____ _____ _____ when I heard about her death.

06
> 우리 학교에서 교복을 입지 않는 것은 교칙에 어긋난다.
> ➡ In our school, _____ _____ _____ is against the rules.

07 다음 중 밑줄 친 부분의 쓰임이 <u>어색한</u> 것은?

① He <u>wants stopping</u> smoking.
② She <u>gave up traveling</u> abroad.
③ Would you <u>mind closing</u> the door?
④ Did you <u>finish reading</u> the book?
⑤ John <u>feels like playing</u> computer games.

고난도

08 다음 중 밑줄 친 부분의 쓰임이 나머지와 <u>다른</u> 하나는?

① She gave up <u>drinking</u> for a month.
② Don't wake the <u>sleeping</u> baby.
③ Would you mind my <u>singing</u>?
④ It's very sad. I can't stop <u>crying</u>.
⑤ We usually finish <u>having</u> supper at about 8:30 in the evening.

09 다음 대화의 빈칸에 알맞은 것은?

> A There isn't enough time. How long will it take?
> B About half an hour.
> A Well, go ahead. But try _____.

① hurry
② hurries
③ hurrying
④ to hurry
⑤ hurried

10 다음 대화의 빈칸에 공통으로 알맞은 것은?

> A Can you stop _____, please?
>
> B I am sorry but I cannot help _____.

① laugh   ② laughs   ③ to laugh

④ laughed   ⑤ laughing

11 다음 괄호 안의 단어를 알맞은 형태로 바꾸시오.

> A Did you remember (call) your parents?
>
> B Oh, no, I forgot. I'll phone them tomorrow.

12 다음 중 짝지어진 두 문장의 뜻이 같은 것은?

① I regret saying such a thing.
 I regret to say such a thing.

② It is no use worrying about that.
 It is useless to worry about that.

③ He tried moving the heavy sofa.
 He tried to move the heavy sofa.

④ I feel like eating pizza.
 I like eating a pizza.

⑤ I could not help shaking with fear.
 I could but shake with fear.

13 다음 밑줄 친 부분 중 어법상 어색한 것을 고치시오.

> I really enjoy ① to ski. Last year I ② placed second in the national skiing competition. This year I want ③ to try again. I ④ have been practicing very hard ⑤ to win the competition.

14 (A)와 (B)의 각 네모 안에서 어법에 맞는 표현을 고르시오.

> A Do you mind (A) your/my smoking?
>
> B I most certainly do. Can't you see the NO SMOKING sign up there?
>
> A Oh. I didn't see it. Anyway, I will stop (B) to smoke/smoking this year.

고난도

15 다음 중 어법상 옳은 것은?

① He felt like to cry.

② She is busy to do her homework.

③ This English book is worth read.

④ I am looking forward to seeing her.

⑤ It is no use to cry over spilt milk.

16 다음 괄호 안의 단어를 알맞은 형태로 바꾸시오.

> • We have enjoyed (talk) over our school days.
>
> • Tom hoped (talk) with as many foreigners as possible.

17 다음 중 주어진 문장의 밑줄 친 부분과 쓰임이 다른 것은?

> Watching movies is fun. I really like it.

① Seeing is believing.

② I'm watching a movie.

③ Staying healthy is important.

④ They enjoy fishing every weekend.

⑤ My dream is traveling all over the world.

Review Test

18 다음 글에서 어법상 어색한 부분을 찾아 고치시오.

> Everyone had a nice motto. On his way back home, Hajin decided having his own motto. However, he couldn't think of a good one. In the evening, he talked with his family.
>
> [교과서 지문]

[19~20] 다음 글을 읽고, 물음에 답하시오.

> **Tips for High School**
> 1. Set your future goals as early as possible.
> 2. Try to get good grades.
> 3. Do volunteer work in different areas.
> 4. Keep good company.
> 5. Find your own way of ⓐ have fun.
>
> [교과서 지문]

19 위 글의 밑줄 친 ⓐ의 알맞은 형태를 쓰시오.

20 위 글의 내용과 일치하지 <u>않는</u> 것은?

① 가능한 한 일찍 미래의 목표를 세워라.
② 좋은 성적을 받기 위해 노력하라.
③ 다양한 봉사 활동을 하라.
④ 좋은 회사에 입사해라.
⑤ 즐거움을 찾는 너만의 방식을 찾아라.

서술형

21 주어진 우리말을 참고하여 다음 글을 완성하시오. [6점]

> (1) ~하는 것을 기대하다 (2) ~하지 않을 수 없다
> (3) ~하느라 바쁘다 (4) ~하는 데 시간을 쓰다
> (5) ~하고 싶다 (6) ~하지 않기로 다짐[약속]하다

> I looked (1) _____ _____ playing computer games when my parents went out. I had to do my homework, but I couldn't (2) _____ _____ computer games. I was (3) _____ playing computer games all day. I (4) _____ 10 hours playing them. I didn't do my homework after all. I felt (5) _____ crying. I (6) _____ not _____ _____ computer games anymore.

22 다음 〈보기〉를 보고, 주어진 말을 이용하여 문장을 완성하시오. [10점]

> 보기
> James (not mind, cook).
> ➡ James doesn't mind cooking.

(1) Andrew (feel like, fly) a kite.

➡ _____

(2) Kelly (love, solve) difficult problems.

➡ _____

(3) Today is so cold.
Cathy (regret, wear) a miniskirt.

➡ _____

(4) Kevin has a toothache.
He (can't help, visit) the dentist.

➡ _____

(5) Tom (hope, collect) old records, too.

➡ _____

Chapter

04

분사

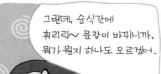

분사구문의 개념과 용법

• 분사구문은 부사절을 부사구로 바꾸어 간결하게 표현하는 방식으로, 이유·시간·양보·조건 등의 의미로 쓰인다.

1 분사구문의 개념

부사절의 주어가 주절의 주어와 같을 때, 부사절의 접속사와 주어를 없애고 동사를 -ing(현재분사)로 바꾸어 부사구로 줄여 쓸 수 있다. 이것을 분사구문이라고 한다.

Because she finished her work, she was able to help me.

X X **Finishing** her work, she was able to help me.
그녀는 일을 끝냈으므로 나를 도와줄 수 있었다.

After he had lost his job, he began to cry.

X X **Having** lost his job, he began to cry.
그는 직장을 잃고 나서 울기 시작했다.

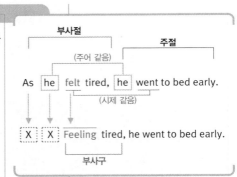

2 분사구문의 용법 : 분사구문은 주절과의 논리 관계에 따라 다음과 같은 의미로 쓰인다.

● 이유 : ~ 때문에 (as, because)

Thinking my father was asleep, I walked quietly. 아버지가 주무신다고 생각해서
⇐ *As I thought* my father was asleep, I walked quietly.

● 시간 : ~ 할 때 (as, when), ~ 하는 동안 (while), ~ 후에 (after)

Seeing the accident, she began to cry. 그 사고를 보았을 때
⇐ *When she saw* the accident, she began to cry.

● 양보 : ~ 일지라도 (though, although)

Studying hard, I failed the exam. 비록 열심히 공부했지만
⇐ *Though I studied* hard, I failed the exam.

● 조건 : ~ 라면 (if)

Climbing to the top of the mountain, you can see the port.
산의 꼭대기에 올라가면
⇐ *If you climb* to the top of the mountain, you can see the port.

● 부대상황 : ~ 하면서 (동시동작 : as), 그러고 나서 ~ 하다 (연속동작 : and)

Taking a walk, she ate some cookies. (동시동작)
⇐ *As she took* a walk, she ate some cookies. 그녀는 산책을 하면서 쿠키를 먹었다.

A black cloud appeared, **covering** the whole sky. (연속동작)
⇐ A black cloud appeared, *and it covered* the whole sky.
검은 구름이 나타나서 온 하늘을 덮었다.

Grammar+

완료형 분사구문 : 분사구문을 만들 때 부사절의 시제가 주절의 시제보다 앞서면 「having + 과거분사(p.p.)」로 고친다.
As I *finished* my work, I can go out.
➡ **Having finished** my work, I can go out.

▶**Check**

다음을 분사구문으로 고치시오.
1. As he was angry, he went out.
   = _____ angry, he went out.

▶**Check**

밑줄 친 부분을 해석하시오.
2. Getting up late, I wasn't on time.
3. Opening the door, I heard a strange sound.
4. Taking this train, you'll get to Seoul.
5. I washed the dishes, listening to my favorite music.

정답 | 1. Being 2. 늦게 일어나서 3. 문을 열었을 때 4. 이 기차를 타면 5. 내가 가장 좋아하는 음악을 들으면서

Practice Test

정답과 해설 p. 5

A 다음 빈칸에 알맞은 것은?

> _____, he felt exhausted.

① Too work hard   ② Too hard to work

③ Worked too hard   ④ Working too hard

A exhausted [igzɔ́ːstid] 지친

B 다음 부사절은 분사구문으로, 분사구문은 부사절로 바꾸시오.

1. If you turn around, you will see a gas station.

   ➡ _____, you will see a gas station.

2. She won the last game, and she kept her championship title.

   ➡ She won the last game, _____.

3. Eating too much, he had a stomachache.

   ➡ _____, he had a stomachache.

B-1 다음 부사절을 분사구문으로 바꾸시오.

Because he was late, he couldn't attend the meeting.

= _____ _____, he couldn't attend the meeting.

B stomachache [stʌ́məkèik] 복통

C 다음 우리말과 같도록 빈칸에 알맞은 말을 쓰시오.

1. 전화기를 들고 나서 그녀는 그의 번호를 눌렀다.

   _____ up the phone, she dialed his number.

2. 라디오를 들으면서 나는 마루를 청소했다.

   I cleaned the floor, _____ _____ the radio.

3. 그 파티에 오면 당신은 즐거울 것이다.

   _____ _____ _____ _____, you'll have fun.

C pick up 들어 올리다

D 다음 문장에서 분사구문에 밑줄을 긋고, 그 부분을 해석하시오.

1. Having seen the movie before, I didn't want to go to see it again.

2. He was on the crowded bus, reading a book.

3. Admitting that you are right, I still think my plan is the best.

D admit [ædmít] 인정하다

Unit 10 주의해야 할 분사구문 Ⅰ

1 분사구문의 부정

분사구문에서 not, never 등의 부정어는 분사 앞에 둔다.

Because he <u>didn't arrive</u> on time, he couldn't take the exam.
➔ **Not arriving** on time, he couldn't take the exam.
그는 제 시간에 도착하지 못해서 시험을 볼 수 없었다.

As she <u>wasn't</u> well, she went to a doctor.
➔ **Not being** well, she went to a doctor.
그녀는 몸이 안 좋아서 의사에게 갔다.

▶**Check**
괄호 안의 단어를 바르게 배열하시오.
1. (listening, news, to, not, the),
he didn't know about it.
2. (knowing, say, to, what, not),
he kept silent.

2 수동형 분사구문

수동태 등이 분사구문이 될 때 보통 Being이나 Having been이
생략되어 과거분사로 시작한다.

As she is interested in math, she likes her math class.
➔ **(Being) Interested** in math, she likes her math class.
부사절의 시제와 주절의 시제가 같을 때 「동사원형+-ing」이므로 Being을
쓰며, 이때 Being은 생략이 가능함

As he was raised in Canada, he speaks English fluently.
➔ **(Having been) Raised** in Canada, he speaks English fluently.
부사절의 시제가 주절의 시제보다 앞설 때 「having+과거분사」이므로 Having been을 쓰며,
이때 Having been은 생략이 가능함

> · As she <u>was</u> pleased at the news, she hugged me.
> X (Being) Pleased at the news, she hugged me.
> └─ 생략 가능 ┘ **수동형 분사구문**
> · While taking a bath, he heard a noise.
> └─ 접속사+분사구문 ┘ 분사구문의 의미를 명확하게 하기 위해
> 접속사를 분사구문 앞에 쓴다.

▶**Check**
생략 가능한 부분에 밑줄을 그으시오.
3. Having been born in Canada,
he has Canadian citizenship.
4. Being worried about him, I
phoned him.

3 접속사+분사구문

분사구문의 의미를 명확하게 하기 위해 접속사를 분사구문 앞에 남겨 놓는 경우이다.
특히, 시간의 접속사(when, after, before)나 양보의 접속사(though, although)는
분사구문 앞에 쓰는 것이 좋다.

While walking down the street, I met him. 길을 걷다가
After finishing her work, Mary left the office. 그녀의 일을 끝낸 후에
When left alone, the boy would climb into his bed. 혼자 남겨졌을 때
Although impressing the interviewer, he didn't get the job.
비록 면접관을 감동시켰지만

✱ **While staying in Hong Kong,** I met my teacher.
　1. 「시간의 접속사+분사구문」의 형태로 분사구문의 의미를 명확하게 한 것이다.
　2. 시간을 나타내는 부사절에서는 종종 「주어+be동사」가 생략될 수 있는데,
　　While I was staying ...에서 I was가 생략된 것으로 볼 수도 있다.

▶**Check**
두 문장의 뜻이 같도록 빈칸에 알맞은 말을 쓰시오.
5. While he was skiing, he
twisted his ankle.
= While _____ , he twisted his
ankle.
6. Although he was born in New
York, Tom was brought up in
Seoul.
= Although _____ in New
York, Tom was brought up in
Seoul.

정답 | 1. Not listening to the news 2. Not knowing what to say 3. Having been 4. Being 5. skiing 6. born

Practice Test

Cathy heard she was going to get the prize.

Pleased with the news, she jumped.

A 다음 괄호 안에서 알맞은 것을 고르시오.

1. (Listening not, Not listening) to my advice, my son caught a cold.
2. (Treating, Having been treated) like a child, she was very upset.
3. (Built, Building) a year ago, the building looks new.

B 다음 빈칸에 알맞은 것은?

> While _____ computer games, he listened to music.

① play   ② playing   ③ to play   ④ played

C 다음 부사절은 분사구문으로, 분사구문은 부사절로 바꾸시오.

1. As I haven't seen her, I don't know what she looks like.
   ➡ _____, I don't know what she looks like.
2. Because I was excited about the news, I shouted with joy.
   ➡ _____, I shouted with joy.
3. Broken, the machine was not used.
   ➡ _____, the machine was not used.
4. When seen from a distance, the river looks like a snake.
   ➡ _____, the river looks like a snake.

D 다음 밑줄 친 부분을 해석하시오.

1. Having been tired all day, he fell asleep.
2. Written in simple English, the book is easy to read.
3. Not having done her homework, she was scolded.
4. Though not known to many people, the restaurant serves very nice food.

A catch a cold 감기에 걸리다
treat [triːt] 대하다, 취급하다

B while [ʰwail] ~하는 동안

C-1 부사절을 분사구문으로 바꾸시오.

Mary didn't recognize her father because she had not seen him for years.
➡ Mary didn't recognize her father, _____
_____.

C joy [dʒɔi] 기쁨
from a distance 멀리서

D scold [skould] 야단치다
serve [səːrv] 제공하다

Unit 11 주의해야 할 분사구문 II

1 독립 분사구문

분사구문의 주어가 주절의 주어와 일치하지 않으면 분사구문에 주어를 따로 표시한다.

Because **it** was a holiday, **the bank** was closed.
➡ **It being** a holiday, the bank was closed.
휴일이라서 은행이 문을 닫았다.

As **there** was no bridge, **we** had to swim across the river.
➡ **There being** no bridge, we had to swim across the river.
다리가 없었기 때문에 우리는 강을 헤엄쳐서 건너야 했다.

주어 다름
· As | it | snowed heavily, | I | stayed home.
X   It snowing heavily, I stayed home.
독립 분사구문

· with + 목적어 + 현재분사 : **능동관계** ──┐ ~한 채로[상태로]
  with + 목적어 + 과거분사 : **수동관계** ──┘

▶ **Check**
다음 부사절을 분사구문으로 바꿔 쓰시오.
1. Because her mother was sick, Kelly went home early.
   = _____ ,
   Kelly went home early.
2. As there was a pretty dress on the table, I touched it.
   = _____ ,
   I touched it.

2 비인칭 독립 분사구문 (숙어처럼 쓰이는 분사구문)

독립 분사구문의 주어가 we, they, people, you 등 일반 대중인 경우, 주절의 주어와 일치하지 않더라도 분사구문의 주어를 생략할 수 있다.

Frankly speaking, you cannot see the movie.
솔직히 말해서

frankly speaking,	솔직히 말해서	generally speaking,	일반적으로 말해서
judging from ~,	~로 판단하면	strictly speaking,	엄밀하게 말하자면
considering (that) ~,	~을 고려하면	roughly speaking,	대강 말하자면

▶ **Check**
우리말과 같도록 빈칸에 알맞은 말을 쓰시오.
3. 하늘의 모습으로 판단하면, 오늘 오후에 비가 올 것 같다.
   ➡ _____ the look of the sky, it may rain this afternoon.

3 with + 목적어 + 현재분사[과거분사] : ~한 채로

「with+목적어+분사」 구문은 주된 상황에 부수적으로 일어나는 상황을 설명하며 (부대상황), 목적어와 분사의 관계에 따라 능동이면 현재분사, 수동이면 과거분사를 쓴다.

He was reading a book **with his wife knitting** beside him.
　　　　　　　　　　　　목적어　　목적격보어 : 현재분사
　　　　　　　　　　　→ his wife가 뜨개질을 직접 하고 있으므로 능동

The bird flew away **with its leg broken**.
　　　　　　　　　　목적어　목적격보어 : 과거분사
　　　　　　　　→ its leg는 부러뜨린 것이 아니라 부러진 것이므로 수동

✱ with + 목적어 + 형용사[부사, 전치사구]
　• Don't come back **with your clothes dirty**. 옷을 더럽힌 채로
　　　　　　　　　　목적어　　　형용사
　• They stood there **with their hats off**. 모자를 벗은 채로
　　　　　　　　　　목적어　　부사
　• She spoke **with tears in her eyes**. 눈에 눈물을 글썽거리면서
　　　　　　　　목적어　　전치사구

Grammar+
현재분사 : 「동사원형 + -ing」로, 능동적으로 행하거나 진행 중인 것을 의미한다.
a **shouting** girl 소리치는 소녀
과거분사 : 수동적으로 행해지거나 완료된 것을 의미한다.
a **wounded** cat 상처 입은 고양이

▶ **Check**
괄호 안에서 알맞은 것을 고르시오.
4. She drove her car with her long hair (blowing, blown) in the wind.

Practice Test

정답과 해설 p. 6

Mommy is sleeping with the TV turned on.

A 다음 문장의 밑줄 친 부분을 바르게 고치시오.

1. <u>Speaking frankly</u>, it doesn't fit you.
2. <u>Being Monday</u>, the museum was not open.
3. <u>The elevator was out of order</u>, everyone had to walk.

A fit [fit] 어울리다
out of order 고장난

B 다음 빈칸에 알맞은 것은?

> _____, we'd like to climb Jirisan.

① Permitting   ② Weather permitted
③ Weather permitting   ④ Permitted

B permit [pəːrmít] 허락하다

C 다음 주어진 단어들을 바르게 배열하시오.

1. _____ _____ _____ _____, we didn't go to school.
   (holiday, today, a, being)
2. He was thinking _____ _____ _____ _____.
   (closed, eyes, with, his)
3. She came back home _____ _____ _____ _____.
   (arms, with, her, broken)
4. _____ _____ _____ _____, we didn't go swimming.
   (being, river, the, cold)

C holiday [hálədèi] 휴일

D 다음 우리말과 같도록 주어진 단어를 이용하여 빈칸에 알맞은 말을 쓰시오.

1. 그녀의 우아한 드레스로 판단하자면, 그녀는 틀림없이 파티에 가는 중일 것이다.
   ➡ _____ _____ her elegant dress, she must be going to the party. (judge)
2. 밤이 오자, 우리는 집을 향해 떠났다.
   ➡ _____ _____ _____ on, we left for home. (come)
3. Kate는 뺨에 눈물을 흘리면서 탁자에 앉아 있었다.
   ➡ Kate sat at the table _____ tears _____ down her cheeks. (run)

D elegant [éləgənt] 우아한
leave for ~을 향해 떠나다
cheek [tʃiːk] 뺨

01 다음 문장을 분사구문으로 바꿀 때, 빈칸에 알맞은 말을 쓰시오.

> Betty opened the door. Then she noticed an unusual smell.
>
> ➡ _____, Betty noticed an unusual smell.

[02~03] 다음 빈칸에 알맞은 것을 고르시오.

02
> After _____ a new pen, he found his old one.

① buy ② buys ③ buying
④ bought ⑤ to buy

03
> _____ of his work, he wants to take a trip.

① Tired ② Tiring ③ Be tired
④ Have tired ⑤ Having tired

04 다음 밑줄 친 부분 중 어법상 어색한 것은?

> It ①getting dark, I decided ②to go back home. But I ③found that I ④was lost. ⑤Having very frightened, I began to run quickly through the forest.

05 다음 괄호 안의 단어를 알맞은 형태로 바꾸시오.

> He was reading a book with his legs _____. (cross)

06 다음 중 어법상 옳은 문장은?

① He hurt his arm while ridden a horse.
② Talked to himself, he walked along.
③ Being poor, he couldn't buy the car.
④ Having brushing my teeth, I went to bed.
⑤ Seeing from a spacecraft, the earth looks like a living thing.

[07~08] 다음 우리말과 같도록 빈칸에 알맞은 말을 쓰시오.

07 어조로 판단하자면, 그는 호주 사람이 틀림없다.
> ➡ _____ _____ his accent, he must be Australian.

08 일반적으로 말해서, 젊은이들은 스포츠를 좋아한다.
> ➡ _____ _____, the young like sports.

09 두 문장의 뜻이 같도록 빈칸에 알맞은 말을 쓰시오.

> After she had finished her work, she went out for a walk.
> = _____ her work, she went out for a walk.

〔고난도〕

10 다음 중 어법상 어색한 것은?

① Being in a hurry, he took a taxi.
② Raining hard, we went home.
③ After drinking his milk, he went to bed.
④ Running in the park, I met my friend.
⑤ Walking along the street, I saw an old friend of mine.

11 다음 중 분사구문을 부사절로 <u>잘못</u> 고친 것은?

① While singing, they danced.
　➡ While they sang, they danced.
② While going home, I met him.
　➡ While I am going home, I met him.
③ When seeing me, he ran away.
　➡ When he saw me, he ran away.
④ Being hungry, he ate it all.
　➡ Because he was hungry, he ate it all.
⑤ Being a wise man, he thought of a good plan.
　➡ As he was a wise man, he thought of a good plan.

12 다음 글의 밑줄 친 우리말과 같은 것을 <u>모두</u> 고르시오.

> One day, while the baby wolves were playing on the beach, they found a small boat. <u>그 배가 궁금해서</u>, they climbed onto it. While they were playing on it, the boat was washed out to sea. They were scared. They cried. Their mother and father ran down to the water. They quickly swam out to the boat and climbed onto it.
> [교과서 지문]

① Being curious about the boat
② Been curious about the boat
③ Have been curious about the boat
④ Because they are curious about the boat
⑤ Because they were curious about the boat

13 (A), (B), (C)의 각 네모 안에서 어법에 맞는 표현을 고르시오.

> While (A) be / being in bed, Ann heard a noise coming from the living room. (B) Feel / Feeling scared, she opened the door carefully. It was dark. (C) Being not / Not being able to see anything, she turned the light on. Then, she realized that the radio was on.

 서술형

14 다음 글을 읽고, 밑줄 친 문장을 분사구문을 활용하여 다시 쓰시오. [8점]

> (1) After I finished my science homework in the morning, I went out. I had a lot of other work to do, but I couldn't stay home any longer. (2) As it was sunny, I went on a picnic with Sam. We rode our bikes and had a great time. (3) While I was coming home, I had a flat tire. It took three hours to fix the flat tire on my bike, so I got home very late. (4) Because I was very tired, I fell asleep quickly.

(1) _____,
　I went out.
(2) _____, I went on a picnic
　with Sam.
(3) _____, I had a flat tire.
(4) _____, I fell asleep quickly.

Grammar Build Up

| have+목적어+동사원형[과거분사] / get+목적어+to부정사[과거분사] |

1 have+목적어+동사원형[과거분사]

- 목적어와 목적격보어의 관계가 능동이면 동사원형을 쓴다.

  I **had** him **repair** my clock. 나는 그에게 내 시계를 고치도록 시켰다.
  　　　목적어　목적격보어 : 그가 직접 수리하는 것이므로 능동

- 목적어와 목적격보어의 관계가 수동이면 과거분사를 쓴다.

  I **had** my clock **repaired**. 나는 내 시계가 고쳐지도록 했다.
  　　　目적어　　　목적격보어 : 시계가 누군가에 의해 수리되는 것이므로 수동

2 get+목적어+to부정사[과거분사]

- 목적어와 목적격보어의 관계가 능동이면 to부정사를 쓴다.

  I **got** her **to clean** the car. 나는 그녀에게 세차하라고 시켰다.
  　　　목적어　목적격보어 : 그녀가 직접 세차하는 것이므로 능동

- 목적어와 목적격보어의 관계가 수동이면 과거분사를 쓴다.

  I want to **get** my hair **cut**. 나는 머리를 자르고 싶다.
  　　　　　목적어　　　목적격보어 : 내 머리카락이 누군가에 의해 잘리는 것이므로 수동

3 have[get]+목적어+과거분사

- 문맥에 따라 '~시키다', '~을 당하다', '~되다'로 해석할 수 있다.

  Ms. Brown **had** her bags **carried** to her room. Brown 씨는 가방이 자신의 방으로 옮겨지도록 하였다.

  I **had** my computer **stolen**. 나는 컴퓨터를 도둑맞았다.

확인 C / H / E / C / K

- 다음 괄호 안에서 알맞은 것을 고르시오.

  1. I had my picture (take, taken).
  2. I got her (typed, to type) the report.
  3. I got my shoes (to fix, fixed).
  4. He had her (wash, washed) his car.

- 다음 문장에서 어법상 어색한 부분을 고치시오.

  5. She had her purse stole.
  6. I got my leg to break.
  7. She had her hair cutting.
  8. I had my brother to clean the room.

정답 | 1. taken　2. to type　3. fixed　4. wash　5. stole → stolen
6. to break → broken　7. cutting → cut　8. to clean → clean

Chapter

05

시제

Unit 12 현재완료

> We **have lived** in this house since 2000.
>
> We have lived in this house.
> ←------------------------------------→
> ▲ 과거 (2000년)　　　　　　　　　　　　▲ 현재

1 현재완료와 과거

현재완료는 단순히 과거에 일어난 사건이나 상태만을 말하는 것이 아니라, '현재에도 ~하다' 라는 의미를 포함한다.

현재완료 (have[has]+과거분사)	과거
Tom **has lost** his cell phone. He's in trouble now. **결과** : 과거의 일이 현재에도 영향을 미침 Tom은 휴대 전화를 잃어버려서, 지금 곤란한 상태에 있다.	Tom **lost** his cell phone **last week**. : 현재와는 무관한 과거의 일 지금은 찾았는지 못 찾았는지 모른다.
Have you *ever* **seen** the movie? – Yes, I **have seen** it *three times*. **경험** : 구체적인 때보다는 과거부터 현재까지의 경험이 중요 언제 봤는지가 아니라, 과거부터 현재까지 그 영화를 본 적이 있는지를 묻고 있고 과거부터 지금까지 세 번 봤다는 의미이다.	I **saw** the movie **last month**. : 과거의 구체적인 시점에 한 일 영화를 본 과거의 특정 시점을 말하므로 과거 시제를 쓴다.
I **have** *already* **eaten** lunch. I'm full. **완료** : 과거에 완료된 일이 현재에도 영향을 미침 점심을 이미 먹어서 지금은 배가 부르다는 의미이다.	I **ate** lunch **at noon**. : 현재와는 무관한 과거의 일 단순히 정오에 점심을 먹었다는 의미로 현재는 어떤 상황인지 알 수 없다.
He **has been** absent from school *for three days*. **계속** : 과거의 일이 현재에도 지속됨 3일 전부터 계속 학교에 결석을 하고 있는 상황이다.	He **was** absent from school **yesterday**. : 과거에 시작한 일이 과거에 끝남 그가 어제 결석을 했고, 오늘은 출석했다는 의미가 강하다.

과거를 나타내는 말(yesterday, ago, last night 등)이나 when으로 시작하는 의문문에는 현재완료를 쓸 수 없다.
When have you **called** me? (×) → **When did** you **call** me? (○)

2 주의할 현재완료 표현

- have[has] been to+장소 : ~에 가 본 적이 있다(경험) / ~에 갔다 왔다(완료)
  I **have been to** Hong Kong three times. 나는 홍콩에 세 번 가 본 적이 있다.
  I **have** *just* **been to** the store. 나는 방금 그 가게에 갔다 왔다.
- have[has] gone to+장소 : ~에 가 버려서 이곳에 없다 (결과)
  He **has gone to** Hong Kong. 그는 홍콩에 가 버렸다.

3 현재완료의 계속적 용법과 현재완료 진행형

- 현재완료의 계속적 용법 : 주로 과거에서 현재까지 계속된 상태
  We **have been married** for ten years. 우리는 결혼한 지 10년이 되었다.
- 현재완료 진행형 : 주로 과거에서 현재까지 계속된 동작 (진행 중인 동작)
  He **has been sleeping** for 10 hours. 그는 10시간째 자고 있다.
  ← He began sleeping 10 hours ago. He is still sleeping now.

✱ have(가지다), like, know 등 상태를 나타내는 동사는 현재완료 진행형으로 쓸 수 없다.
  She **has been having** a bad cold for one month. (×) → has had

Grammar+

현재완료 의문문: Have[Has]+주어
+p.p. ~?
현재완료 부정문: have[has]+not
[never]+p.p.
Have you ever **met** the professor?
– No, I **have never met** him.

▶**Check**

다음 문장에서 현재완료의 의미를 경험, 계속, 결과, 완료로 구분하시오.
1. Have you ever watched the show?
2. She has lost her car keys.

▶**Check**

밑줄 친 부분에 주의하여 해석하시오.
3. I can't meet him. He has <u>gone to</u> London.
4. He has been playing soccer for a long time.

정답 | 1. 경험 2. 결과 3. 나는 그를 만날 수 없다. 그는 런던으로 떠났다. 4. 그는 오랫동안 축구를 하고 있다.

Practice Test

정답과 해설 p. 7

A 다음 괄호 안에서 알맞은 것을 고르시오.

1. Jane (worked, has worked) at an office since 2010.
2. Sarah (read, has read) the novel last month.
3. Bob (visited, has visited) China two weeks ago.

B 동사 go 혹은 be동사를 이용하여 다음 문장을 완성하시오.

1. Brian is not here. He _____ _____ _____ Canada without saying goodbye to me.
2. He _____ _____ _____ Africa many times. He has wonderful memories of Africa.
3. Lisa _____ _____ to Japan. She will be back next year.

B memory [méməri] 기억, 추억

C 다음 밑줄 친 동사를 알맞은 형태로 바꾸시오.

> An example of a useful weed is the dandelion. For centuries, people <u>use</u> it for both food and medicine.

C weed [wiːd] 잡초
dandelion [dǽndəlàiən] 민들레
century [séntʃuri] 1세기, 100년
medicine [médəsən] 약

★Pulitzer Prize
퓰리처상은 미국에서 가장 권위 있는 언론
문학상이다. 이 상은 헝가리에서 미국으로
이민을 와서 위대한 출판인으로 성공한
Joseph Pulitzer의 유언에 따라 1917
년에 창설되었다.

D 다음 두 문장이 같은 뜻이 되도록 빈칸에 알맞은 말을 쓰시오.

1. He won the Pulitzer Prize* in 1991 and 2001.
   ➡ He _____ _____ the Pulitzer Prize twice.
2. Tom started fixing the computer two hours ago. He is still fixing it.
   ➡ He _____ _____ _____ the computer for two hours.
3. She started to study English this morning. She is still studying it.
   ➡ She _____ _____ _____ English since this morning.
4. She got sick a few days ago. She is still sick now.
   ➡ She _____ _____ sick for the last few days.

D fix [fiks] 고치다, 수리하다

Unit 13 과거완료와 미래완료

- 과거완료는 과거 이전에 일어난 일이 과거의 상황에 영향을 미칠 때 사용하며, 주로 과거의 사건과 그 사건이 일어나기 전에 일어났던 일을 연결하여 표현할 때 사용한다.

1 과거완료 : had+과거분사 (p.p.)

과거보다 더 이전에 있었던 일이 과거 어느 시점까지 영향을 미칠 때 쓰는 시제이다.

- He wondered if I **had been** to L.A. before. (경험)
  과거 이전부터 과거까지의 경험
- I thought he **had been** alive until then. (계속)
  과거 이전부터 과거까지 상황이 계속됨
- I told my friend I **had bought** the music CD. (결과)
  과거 이전에 한 일이 과거에 영향을 미침, So I had the music CD then.의 의미
- I **had finished** my homework *when she called me.* (완료)
  과거(기준 시점이 제시됨)에 막 완료된 일을 나타냄

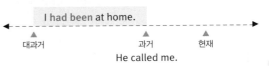

과거완료 : I **had been** at home when he called me.

| I had been at home. |
| 대과거 ▲   과거 ▲   현재 ▲ |
He called me.

Grammar+

after, before를 이용하면 과거 시제로 과거 이전의 일을 표현할 수 있다.
The movie **started before** I arrived at the theater. 또는 I arrived at the theater **after** the movie **started**.

2 과거보다 먼저 일어난 일을 나타낼 때 (대과거)

I *lost* the umbrella which I **had bought** the day before.
우산을 잃어버린 것(과거) 보다는 우산을 산 것이 더 먼저(대과거)임

| had bought ▼ | lost ▼ | 현재 ▼ |

* 과거완료의 부정 : had와 과거분사(p.p.) 사이에 not이나 never를 쓴다.
I **had never spoken** to a foreigner before I entered college.

▶**Check**

괄호 안에서 알맞은 것을 고르시오.

1. I bought a new watch because I (have lost, had lost) my old one.
2. I didn't know him. I (have never seen, had seen, had never seen) him before.
3. When I called on her, she (has been, had been) sick in bed for a month.
4. I (had visited, will have visited) Singapore three times if I go there again.

3 미래완료 : will+have+과거분사 (p.p.)

현재의 시점에서 미래를 상상할 때, 그 미래의 어느 때를 기준으로 하여 그때까지의 완료·결과·경험·계속을 나타내는 시제이다.

- *By next Monday* I **will have finished** my homework. (완료)
  미래의 시점에 막 완료된 일을 나타냄
  다음 주 월요일 쯤이면 나는 숙제를 끝냈을 것이다.
- My parents **will have been** married for 20 years *by tomorrow.* (계속)
  미래 이전부터 미래까지 상황이 계속됨
  우리 부모님은 내일이면 20년 동안 결혼 생활을 해 온 것이 된다.

정답 | 1. had lost   2. had never seen
3. had been   4. will have visited

Practice Test

정답과 해설 p. 7

A 다음 밑줄 친 말을 알맞은 형태로 바꾸시오.

1. I thought I <u>meet</u> the lady before, but I was not sure.
2. He <u>live</u> in Paris for ten years next year.
3. Father showed me some postcards which he <u>buy</u> during his trip.
4. When I met him again, he <u>be</u> sick for many years.

B 다음 밑줄 친 부분 중 어법상 어색한 것은?

Dick ① <u>was</u> too late. When he ② <u>arrived</u> at the zoo, it ③ <u>has already been closed</u>. He ④ <u>was very disappointed</u>.

C 다음 두 문장을 한 문장으로 연결할 때 빈칸에 알맞은 것을 고르시오.

1.
I called John at 9 p.m. But he went to bed at 8 p.m.
➡ When I called John, he _____ to bed already.

① went   ② has gone
③ had gone   ④ has been going

2.
Sue moved to Busan in 2000. She moved to Seoul in 2005.
➡ Sue _____ in Busan for 5 years.

① lives   ② has lived
③ had moved   ④ had lived

D 다음 괄호 안의 말을 이용하여 대화를 완성하시오.

1. A Did you get to the rock concert on time?
   B No, I didn't. By the time I got to the hall, it _____.
   (start, already)
2. A Did you meet David at the airport?
   B No, I didn't. When I got there, he _____. (leave)
3. A Did you enjoy watching the opera last Saturday?
   B Yes, I did. It was very great. I _____ an opera before then. (never, watch)

A postcard [póustkà:rd] 우편엽서
trip [trip] 여행

B disappoint [dìsəpɔ́int]
실망시키다

C-1 두 문장을 한 문장으로 연결할 때 빈칸에 알맞은 것을 고르시오.

She began to sleep at 6 p.m. She continued sleeping when I came back at 8 p.m.
➡ She _____ asleep for two hours when I came back.
① is   ② was
③ has been   ④ had been

D already [ɔːlrédi] 이미, 벌써
get there 거기에 도착하다

01 다음 주어진 문장의 밑줄 친 부분과 쓰임이 같은 것은?

> I've lived in Mexico since 2000.

① He has finished his dinner.
② She has been sick since last night.
③ I have seen *ET* before.
④ She's never seen anything so funny.
⑤ I've found my lost necklace.

02 다음 대화의 빈칸에 알맞은 말을 쓰시오.

> A _____ you ever _____ to Paris?
> B Not yet. But I want to visit there next year.

[03~05] 다음 두 문장을 한 문장으로 바꿀 때 빈칸에 알맞은 말을 쓰시오.

03
> They began to swim an hour ago.
> They are still swimming.
> ➡ They _____ _____ _____ for an hour.

04
> The concert began at noon.
> I entered the concert hall at 1 p.m.
> ➡ The concert _____ _____ when I entered the concert hall.

고난도

05
> I have been to Moscow four times.
> I want to go there again next year.
> ➡ I _____ _____ _____ _____ Moscow five times if I go there next year.

06 다음 중 밑줄 친 부분이 어법상 어색한 것은?

① I saw a hamster yesterday.
② Have she and he spent all the money?
③ He has been absent from school for three days.
④ Bob has been cleaning his room since this morning.
⑤ When have you seen a rainbow?

[07~08] 다음 빈칸에 알맞은 것을 고르시오.

07
> My sisters are not in Korea. They have _____ to Paris.

① known   ② gone   ③ visited
④ been   ⑤ traveled

08
> A How long have you been here?
> B _____

① Yes, I have.   ② I've been fine.
③ For an hour.   ④ Two hours ago.
⑤ I haven't decided yet.

09 다음 빈칸에 알맞은 것끼리 바르게 짝지어진 것은?

> Two years _____ since you _____ middle school.

① passed   – entered
② passed   – have entered
③ have passed – entered
④ have passed – have entered
⑤ had passed – have entered

10 다음 글에서 어법상 어색한 부분을 고치시오.

> The island was so beautiful. I've gone there before. The sea was emerald green.

고난도

11 다음 중 밑줄 친 부분의 쓰임이 다른 것은?

① She had already gone out.
② They had broken the window.
③ They had not gone to the party yet.
④ The train had just started.
⑤ He had already run away through the window.

12 다음 괄호 안의 단어를 알맞은 형태로 바꾸시오.

> We met at a party when we were teenagers. Since that time, we (know) each other. We are the best friends.

고난도

13 다음 중 밑줄 친 부분이 어법상 옳은 것은?

① Ann has finished her work two hours ago.
② It has been raining all day and it hasn't stopped yet.
③ He has been knowing the girl since his childhood.
④ Until last year, I've never seen the man.
⑤ We have prepared for the meeting by this time tomorrow.

14 다음 대화의 밑줄 친 동사를 알맞은 형태로 바꾸시오.

> A What are you doing here now?
> B I am playing the computer game.
> A When did you start?
> B This afternoon. I play since then.

15 다음 중 밑줄 친 부분이 어법상 어색한 것은?

> Do you enjoy ① listening to music? If you ② think about it, music ③ is always around us. We ④ are all hearing music ever since we ⑤ were born.

[16~17] 다음 우리말과 같도록 괄호 안의 단어를 이용하여 대화를 완성하시오.

16
> A _____ to a musical? (be)
> (너는 뮤지컬에 가 본 적이 있니?)
> B Yes, actually I went to one yesterday. The title was *Miss Saigon*. It was fantastic.

17
> A Do you know the saying "The early bird catches the worm"?
> B I _____ (hear) it before. (나는 전에 그것을 들어본 적이 있어.) It means "Be diligent, and you will succeed."

Review Test

18 다음 밑줄 친 우리말과 같도록 괄호 안의 단어를 바르게 배열하시오.

> You love thrilling rides at an amusement park, don't you? You are scared and you scream. But you pay for the rides because you enjoy them. <u>여러분은 그 놀이기구들이 어떻게 작동하는지 궁금해한 적이 있는가?</u>
> [교과서 지문]

> (how, wondered, work, ever, have, the rides, you)
>
> ➡ _____

[19~20] 다음 글을 읽고, 물음에 답하시오.

> Winter came around again, and this time it was terrible. <u>여름과 가을 동안, 그 동물들이 대부분의 식물을 이미 먹어버렸다.</u> The rabbits were hungry. ⓐ<u>So were the foxes, mice, and owls.</u> Even the deer were hungry. All the animals on the island were hungry.
> [교과서 지문]

19 위 글의 밑줄 친 우리말과 같도록 할 때, 다음 빈칸에 알맞은 것은?

> The animals _____ most of the plants during summer and fall.

① already eat   ② already ate
③ have already eaten   ④ had already eaten
⑤ will have eaten

20 위 글의 밑줄 친 ⓐ와 일치하도록 다음 문장을 완성하시오.

> The foxes, mice, and owls were _____, too.

서술형

21 다음은 Tom의 독서 기록장이다. 표를 보고 아래 글을 완성하시오. [4점]

Mon.	아빠가 책을 두 권 주심
Tue.	한 권을 읽음
Wed.	다른 한 권을 읽는 중
Fri.	Bill에게 두 권을 빌려줄 예정

> My father _____ me two books on Monday. On Tuesday, I read one of the books which my father _____ _____ to me. I _____ _____ the other one now. If I finish it, I _____ _____ Bill both books on Friday.

22 엄마가 여행에서 돌아오실 때까지 Sarah가 한 것과 하지 않은 것을 표로 만들었다. 표를 보고 (1)과 같이 묻고 답하시오. [10점]

water the plants	○	feed the dog	○
visit her grandparents	×	clean her room	×
pay the gas bill	×	do the ironing	○

(1) **A** Had Sarah watered the plants?
   B Yes, she had watered them.
(2) **A** _____
   B _____
(3) **A** _____
   B _____
(4) **A** _____
   B _____
(5) **A** _____
   B _____
(6) **A** _____
   B _____

Chapter 06

수동태

Unit 14 수동태의 형태

- 수동태는 '~가 당하다[되다]'라는 뜻으로, 행위자(행동의 주체)보다는 동작의 대상(목적어)에 관심이 많을 때 주로 쓰인다.

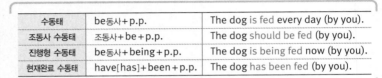

수동태	be동사+p.p.	The dog is fed every day (by you).
조동사 수동태	조동사+be+p.p.	The dog should be fed (by you).
진행형 수동태	be동사+being+p.p.	The dog is being fed now (by you).
현재완료 수동태	have[has]+been+p.p.	The dog has been fed (by you).

1 「by+행위자」의 생략

행위자가 일반 대중이거나 분명하지 않은 경우, 언급하지 않아도 알 수 있는 경우에는 「by+행위자」를 생략한다.

English **is spoken** in Canada (by people).
Milk **is delivered** every morning (by a deliveryman).
We **were invited** to Mary's birthday party (by Mary).

Grammar+
수동태 문장 구조 : 대상+be동사+과거분사+by+행위자
She pulls him. (능동태)
➡ He **is pulled** by her. (수동태)

2 조동사의 수동태 : 조동사+be+과거분사(p.p.)

We **should clean** the bathroom. (능동태) 우리는 화장실을 청소해야 한다.
조동사 동사원형

➡ The bathroom **should be cleaned**. (수동태) 화장실은 청소되어야 한다.
조동사 be동사의 과거분사
동사원형

Animals **must not be allowed** in the restaurant.

▶**Check**
다음 문장을 해석하시오.
1. The supermarket is closed at 10 p.m.
2. Many people were killed in the war.

3 진행형의 수동태 : is[am, are, was, were]+being+과거분사(p.p.)

Kevin **is fixing** the roof. (현재진행형) Kevin이 지붕을 수리하고 있다.
현재진행형

➡ The roof **is being fixed** by Kevin. (현재진행 수동태)
현재진행형 수동태
지붕은 Kevin에 의해 수리되고 있다.

Somebody **was cleaning** the house when I arrived. (과거진행형)
➡ The house **was being cleaned** when I arrived. (과거진행 수동태)

▶**Check**
밑줄 친 부분을 바르게 고치시오.
3. The work <u>should be doing</u> today.

4 현재완료의 수동태 : have[has]+been+과거분사(p.p.)

Thomas **has helped** the orphans. (현재완료)
현재완료

➡ The orphans **have been helped** by Thomas. (현재완료 수동태)
현재완료 수동태

Tom **has repaired** the radio. (현재완료)
➡ The radio **has been repaired** by Tom. (현재완료 수동태)

▶**Check**
빈칸에 알맞은 말을 쓰시오.
4. 그 연극은 세 번 관람되었다.
   The play has _____ watched three times.
5. 차가 세차되고 있다.
   The car is _____ washed.

정답 | 1. ㄱ. 슈퍼마켓은 오후 10시에 문을 닫는다. 2. 많은 사람들이 전쟁에서 죽었다. 3. should be done 4. been 5. being

Practice Test

정답과 해설 p. 8

This library has just opened. And a swimming pool is being built.

나도 건학 ㅗ고 싶어.

This is a boys' middle school.

A 다음 괄호 안에서 알맞은 것을 고르시오.

1. John (chose, was chosen) as a captain.
2. Somebody (stole, was stolen) my bike.
3. The computer (is fixing, is being fixed).
4. Lots of stars (can see, can be seen) here.

B 다음 밑줄 친 부분을 바르게 고치시오.

1. His father <u>was killing</u> in a car accident.
2. An old map <u>was founded</u> in the library.
3. The robber <u>will arrest</u> soon.

C 다음 문장을 수동태로 고치시오.

1. Mary has finished her first novel.
   ➡ _____

2. They have not cleaned the room.
   ➡ _____

3. Kelly is baking a birthday cake.
   ➡ _____

4. We can recycle a lot of our household waste.
   ➡ _____

D 다음 빈칸에 알맞은 것을 고르시오.

1. Babies _____ while they are playing.

   ① watch
   ② must watch
   ③ must be watching
   ④ must be watched

2. Coffee _____ when I entered the kitchen.

   ① was making
   ② has made
   ③ was being made
   ④ has being made

A-1 괄호 안에서 알맞은 것을 고르시오.

Two new bridges (are building, are being built).

A captain [kǽptin] 주장
stolen [stóulən] steal(훔치다)의 과거분사

B accident [ǽksidənt] 사고
robber [rábər] 강도
arrest [ərést] 체포하다

C novel [návəl] 소설
recycle [ri:sáikəl] 재활용하다
household waste 생활 쓰레기

D enter [éntər] 들어가다

Unit 15

4형식 문장의 수동태, 5형식 문장의 수동태

1 목적어가 두 개일 때의 수동태 : 4형식 문장

- 간접목적어와 직접목적어 둘 다 주어로 하는 수동태가 가능하다. 직접목적어가 주어로 쓰인 수동태 문장에서는 간접목적어 앞에 to(동사 send, teach ...)나 for(동사 make, buy ...)를 쓴다. 간접목적어 앞의 to는 생략할 수 있다.

The company gave my daughter a prize.
　　　　　　　　　간접목적어　　　직접목적어
➡ My daughter **was given** a prize by the company.
➡ A prize **was given** (to) my daughter by the company.

- 간접목적어가 주어로 쓰이면 어색한 문장도 있다. (주로 동사가 write, read, buy, make 등일 때)

Jane wrote Bill a long letter. Jane은 Bill에게 장문의 편지를 썼다.
➡ A long letter **was written** to Bill by Jane. 장문의 편지가 Jane에 의해 Bill에게 써졌다.
➡ Bill **was written** a long letter by Jane. (×)

My father bought me a motorcycle.
➡ A motorcycle **was bought** for me by my father.
➡ I **was bought** a motorcycle by my father. (×)

4형식 문장의 수동태	목적어 2개 → 2개의 수동태 문장이 가능 He gives <u>children</u> <u>presents</u>. → Children are given presents by him. → Presents are given (to) children by him.
5형식 문장의 수동태	목적어 1개 → 1개의 수동태 문장 We call <u>the dog</u> Mary. → The dog is called Mary (by us).

▶ **Check**
다음 문장을 주어진 단어로 시작하여 수동태 문장으로 고치시오.

> A girl handed me a note.

1. I _____ .
2. A note _____ .

2 목적어와 목적격보어가 있을 때의 수동태 : 5형식 문장

- 목적어만 수동태의 주어로 쓰일 수 있고, 목적격보어는 수동태의 주어가 될 수 없다.

We **elected** her chairperson.
　　　　　 목적어　 목적격보어
➡ She **was elected** chairperson by us.
➡ Chairperson **was elected** her by us. (×)

I **saw** the boys playing soccer in the rain.
➡ The boys **were seen** playing soccer in the rain by me.

- 지각동사의 목적격보어로 쓰인 원형부정사는 to부정사로 바뀐다.

We **heard** him **play** the piano.
➡ He **was heard to play** the piano. 목적격보어 play가 수동태 문장에서 to play로 바뀜

- 사역동사 make의 목적격보어로 쓰인 원형부정사는 to부정사로 바뀐다.

They will **make** him **wash** the car.
➡ He will **be made to wash** the car (by them).
　　　　목적격보어 wash가 수동태 문장에서 to wash로 바뀜

▶ **Grammar+**
5형식 문장은 「주어+동사+목적어+목적격보어」로 이루어진다.
I found the book boring.
　　　　　 목적어　 목적격보어
She made her son a doctor.
　　　　　 목적어 목적격보어

▶ **Check**
괄호 안에서 알맞은 것을 고르시오.
3. She was seen (drive, driving) away.
4. The boys were made (be, to be) quiet.

정답 1. was handed a note by a girl
2. was handed (to) me by a girl
3. driving   4. to be

A 다음 문장을 수동태로 고칠 때 빈칸에 알맞은 말을 쓰시오.

1. We saw him breaking the window.
   ⇒ He was _____ the window by us.
2. You can hear them sing this evening.
   ⇒ They can _____ this evening by you.
3. The baby made everybody laugh.
   ⇒ Everybody was _____ by the baby.

B 다음 빈칸에 알맞은 것은?

> Instead of being sent to school, they are made _____ in the factories.

① work   ② works
③ worked   ④ to work

C 다음 주어진 단어들을 바르게 배열하시오.

1. The boy _____ by a girl. (a box, was, given)
2. The students _____ uniforms. (wear, are, to, made)

D 다음 문장을 수동태로 고치시오.

1. Her husband gave her the shoes.
   ⇒ The shoes _____.
   ⇒ She _____.
2. A waiter gave him the food.
   ⇒ The food _____.
   ⇒ He _____.
3. He made me return the money.
   ⇒ _____
4. They will elect him president.
   ⇒ _____

B-1 다음 빈칸에 알맞은 것은?

This room _____ by my sister.
① is kept clean
② is kept to clean
③ keeps clean
④ kept to clean

B instead of ~ 대신에
factory [fǽktəri] 공장

C uniform [júːnəfɔ̀ːrm] 제복, 교복

D return [ritə́ːrn] 돌려주다
president [prézidənt] 대통령

Unit 16 주의해야 할 수동태

1 by 이외의 전치사를 사용하는 수동태

수동태에서 「by+목적격」으로 행위자를 나타내지만 by 이외에 다른 전치사가 쓰이는 경우도 많다.

They **were pleased with** the results. 결과에 기뻐했다
His room **was filled with** presents. 선물로 가득 찼다
The box **was covered with** paper. 종이로 덮여 있었다
The city **is known for** its hot springs. 온천으로 유명하다
His books **are known to** everybody. 모두에게 알려져 있다
The singer **is known as** the "Queen of Dance."
　　　　　　　　　　　　　　　　춤의 여왕으로서 알려져 있다
The princess **was married to** a Greek prince. 그리스 왕자와 결혼했다
I **was surprised at** her getting married. 그녀가 결혼한다는 것에 놀랐다
He **wasn't satisfied with** my answer. 내 대답에 만족했다

✱ 관용 표현
　I **was born** in 1990. 나는 1990년에 태어났다.
　The school **is located** on a hill. 그 학교는 언덕에 위치하고 있다.

be pleased with	~에 기뻐하다
be filled with	~으로 가득 차다
be covered with	~으로 덮여 있다
be known for	~으로 유명하다
be known to	~에게 알려지다
be known as	~로서 알려지다
be married to	~와 결혼하다
be surprised at	~에 놀라다
be satisfied with	~에 만족하다
be interested in	~에 흥미가 있다

▶**Check**
빈칸에 알맞은 단어를 쓰시오.
1. She will be married _____ her old friend.
2. I was very pleased _____ the news.
3. The bag was filled _____ candies.

2 동사구의 수동태 : 동사구 전체를 하나의 동사처럼 취급하여 수동태를 만든다.

bring up	양육하다	run over	(차에) 치이다
call off	취소하다	turn on	켜다
look after	돌보다	take care of	돌보다

Jenny will <u>look after</u> the dog.
➡ The dog will **be looked after** by Jenny.

She <u>turned on</u> the computer.
➡ The computer **was turned on** by her.

The old lady <u>brought up</u> Jim.
➡ Jim **was brought up** by the old lady.

The boss <u>called off</u> the meeting.
➡ The meeting **was called off** by the boss.

✱ It is said that ~: ~이라고 한다 / It is believed that ~: ~이라고 여겨진다
　It is said that she is the most popular singer in Korea.
　그녀가 한국에서 가장 인기 있는 가수라고 한다.
　It is believed that smoking is bad for our health.
　흡연은 우리 건강에 나쁘다고 여겨진다.

▶**Check**
주어진 표현을 이용하여 빈칸을 채우시오.
4. The TV was _____ _____ by a cat. (turn off)
5. I was _____ _____ by my aunt. (look after)
6. The concert was _____ _____ because of the rain. (call off)

정답 | 1. to　2. with　3. with　4. turned off　5. looked after　6. called off

Practice Test

A 다음 빈칸에 알맞은 것을 고르시오.

1. I found a box which was filled _____ old books.
   ① by   ② to   ③ of   ④ in   ⑤ with

2. He is known _____ his beautiful songs.
   ① by   ② to   ③ of   ④ in   ⑤ for

3. All the girls at the party were surprised _____ the news.
   ① in   ② to   ③ of   ④ at   ⑤ from

B 다음 괄호 안의 말을 이용하여 빈칸에 알맞은 말을 쓰시오.

1. His house was _____ last night. (break into)
2. The babies will be _____ by Sue. (take care of)
3. A cat was _____ by a taxi. (run over)
4. The gold coin was _____ by a beggar. (pick up)

B break into 침입하다
coin [kɔin] 동전
pick up 집어 올리다
beggar [bégər] 거지

C 다음 문장에서 어법상 어색한 것은?

> Tom ① was disappointed ② to hear the news that the singer ③ will be married ④ with a rich businessman.

C be disappointed 실망하다

D 다음 상자와 같이 주어진 단어를 이용하여 과거형 수동태 문장을 쓰시오.

> the book / write / Edgar Allan Poe*
> ➡ The book was written by Edgar Allan Poe.

1. I / surprise / the news
   ➡ _____

2. Mary / interest / soccer
   ➡ _____

3. Tony / look after / his brother
   ➡ _____

★Edgar Allan Poe(1809-1849)
미국의 천재적인 소설가이자 시인, 비평가로 이후의 작가들에게 많은 영향을 끼쳤다. 《검은 고양이 The Black Cat》, 《어셔가(家)의 몰락 The Fall of the House of Usher》 등 많은 작품을 남겼다.

[01~02] 다음 문장에서 <u>어색한</u> 부분을 고치시오.

01
> Some scientists say that earthquakes can predict.

02
> He can't stand being laughed by anyone.

03 다음 빈칸에 공통으로 알맞은 단어를 쓰시오.
> • The table will be covered _____ the red cloth.
> • The room was filled _____ smoke.

[04~05] 다음 문장을 주어진 단어로 시작하여 바꿔 쓰시오.

04
> We will take care of you.
> ➡ You _____.

05
> She bought her children some clothes.
> ➡ Some clothes _____ by her.

06 다음 괄호 안의 단어를 알맞은 형태로 바꾸시오.
> The giant pandas can (see) in many zoos all over the world, but all of them are from China.

07 다음 빈칸에 들어갈 단어가 순서대로 짝지어진 것은?
> • The rumor is known _____ everybody.
> • The town is known _____ its ski resort.
> • A man is known _____ the company he keeps.

① to – for – by
② to – by – for
③ for – to – by
④ for – by – to
⑤ by – for – to

[08~10] 다음 빈칸에 알맞은 것을 고르시오.

08
> The work _____ by Kevin.

① did
② was doing
③ has done
④ has been done
⑤ should do

09
> The students were made _____ only in English by the English teachers.

① speak
② spoke
③ spoken
④ to speak
⑤ speaking

10
> The music _____ by young people now.

① is listening to
② is being listened to
③ has listened to
④ was listening to
⑤ was being listened to

11 다음 밑줄 친 부분 중 어법상 어색한 것은?

① He was taught Chinese by me.
② Tom was elected captain.
③ The pizza is being made by Mom.
④ The TV should turn off before dinner.
⑤ The journals have been written for 10 years.

[12~13] 다음 밑줄 친 부분 중 어법상 어색한 것을 고르시오.

12
Romeo and Juliet ① was written by Shakespeare about 400 years ago. It ② has been translated into many languages. It ③ can be found in any bookstore in the world. The story ④ has loved and it ⑤ will be loved by many people.

고난도

13
Skiing ① has been loved in Northern Europe. It ② was begun a long time ago. Pictures of skis on rocks ③ were found in Norway. They are 4,000 to 5,000 years old. In Sweden, a very old ski ④ was discovered. It ⑤ is thought to be 4,500 years old.

14 다음 우리말과 같도록 빈칸에 알맞은 말을 쓰시오.

생일 파티에서 많은 선물들이 Ann에게 주어졌다.
➡ Many presents ＿＿＿＿＿ Ann at the birthday party.

15 (A)와 (B)의 네모 안에서 알맞은 것을 고르시오.

We know that fast food is not good for our health. For example, French fries are made (A) by / from potatoes, but lots of salt and fat (B) add / are added to them.

16 다음 중 어법상 어색한 것은?

① The car was not made in Germany.
② Was this window broken by him?
③ The map won't be sent to you.
④ The homework must be done by tomorrow.
⑤ The park has being cleaned by the people.

[17~18] 다음 문장을 수동태 문장으로 바꿔 쓰시오.

17
They have to write a letter in English.
= ＿＿＿＿＿ ＿＿＿＿＿ ＿＿＿＿＿ ＿＿＿＿＿ ＿＿＿＿＿ in English by them.

18
A famous artist has painted the woman's portrait.
= ＿＿＿＿＿ ＿＿＿＿＿ ＿＿＿＿＿ ＿＿＿＿＿ ＿＿＿＿＿ ＿＿＿＿＿ by a famous artist.

19 다음 중 어법상 올바른 것은?

① Shrimps may be eat by the fish.

② Your room must be cleaning every day.

③ This window can be broke easily.

④ A rainbow can been seen after rain.

⑤ The rules must be followed by the students.

[20~21] 다음 글을 읽고, 물음에 답하시오.

(①) There are many stories about Gansong's efforts to preserve Korean culture. (②) One day in 1935, Gansong heard that a Goryeo celadon vase _____ to a Japanese collector for 1,000 won. (③) Everyone was surprised at what Gansong had done. (④) At that time, you could buy 20 houses with 20,000 won. (⑤)

[교과서 지문]

20 위 글의 ①~⑤ 중 다음 문장이 들어가기에 알맞은 곳은?

Gansong went to the collector and paid 20,000 won for the celadon vase.

21 위 글의 빈칸에 알맞은 것은?

① sell   ② sold   ③ selling

④ is sold   ⑤ was sold

서술형

22 다음 글의 밑줄 친 부분을 두 가지 형태의 수동태로 바꿔 쓰시오. [8점]

On her way back home, she saw a little dog crying for water. When she gave the dog some water, her old dipper turned into silver and was shining like the moon. Then, she saw an old man dying of thirst and again she gave him some water. Now her dipper turned into gold and was shining like the sun.

[교과서 지문]

(1) some water를 주어로

_____

(2) the dog를 주어로

_____

23 다음은 Bill, Ann, Tom이 방학 동안 하고 싶은 일이다. (1)과 (2)를 참고하여 나머지 문장을 완성하시오. [8점]

Bill	부르고 싶은 노래: *My Love*	Singer: Westlife
Ann	보고 싶은 영화: *The Lord of the Rings*	Director: Peter Jackson
Tom	읽고 싶은 책: *Harry Potter*	Writer: J. K. Rowling

(1) Bill wants to sing *My Love*.

(2) It was sung by Westlife.

(3) Ann _____ .

(4) It _____ .

(5) Tom _____ .

(6) It _____ .

Chapter

07

조동사

Unit 17 can, must/have to/should, may

1 can

- **can** : '∼할 수 있다' (능력 = be able to), '∼해도 된다' (허락)

  My daughter **can** speak English fluently. (능력)
  = is able to

  Can I have some more ice cream? (허락)
  허락을 나타내는 can은 be able to로 바꿀 수 없다.

  – No, I'm afraid you **can't**. (허락)

- **could**는 can의 과거형이면서 정중한 표현에 사용된다.

  I **could**n't ride a bicycle when I was a child.
  (can의 과거형)

  Could you repeat that, please? (정중한 부탁)
  그것을 다시 말씀해 주시겠습니까?

* **be able to** : ∼할 수 있다
  - He **is able to** speak Chinese. (= can)
  - She **will be able to** speak Korean soon. ← She **will can** speak Korean soon.(×)
  - She **was able to** win the final match.

can	1. ∼할 수 있다 (가능) (= be able to)
	2. ∼해도 된다 (허락)
	3. cannot be : ∼일 리가 없다 (추측)
must	1. ∼해야 한다 (의무와 필요) (= have to)
	2. ∼임에 틀림이 없다 (강한 추측)
	3. must not : ∼해서는 안 된다 (금지)
	4. don't have to : ∼할 필요가 없다
should	1. ∼하는 것이 좋겠다 (의무와 충고)
may	1. ∼해도 된다 (허락)
	2. ∼일지 모른다 (약한 추측)

Grammar+

cannot be : ∼일 리가 없다 (강한 부정적 추측)
- That **cannot be** true because he was all right yesterday.
  저것은 사실일 리가 없다. 왜냐하면 그는 어제 괜찮았기 때문이다.
- She **cannot be** over forty years old. 그녀는 40세 이상일 리가 없다.

▶ **Check**
괄호 안에서 알맞은 것을 고르시오.
1. I (can, could) swim when I was five years old.
2. Tom will (can, be able to) come to the party tonight.

2 must / have to / should

- **must** : '∼해야 한다' (의무와 필요 = have to), '∼임에 틀림없다' (강한 추측)

  You **must** drive slowly through the school zone. (의무와 필요)
  = have to

  You **must** be hungry because you didn't eat lunch. (강한 추측)
  강한 추측을 나타내는 must는 have to로 바꿀 수 없다.

  They **had to** wait for him. must는 과거형이 없으므로 had to를 쓴다.

  They **will have to** wait for him. must는 미래형이 없으므로 will have to를 쓴다.

- **should** : '∼하는 것이 좋겠다' (의무나 충고)

  You **should** try to do your best at all times.

* 부정 표현인 must not은 '∼해서는 안 된다' (금지)는 의미로 쓰인다.
  don't have to는 '∼할 필요가 없다' (불필요 = need not, don't need to)라는 의미로 쓰인다.
  Children **must not** touch the bottle. 아이들은 그 병을 만져서는 안 된다.
  I **don't have to** study English. 나는 영어 공부를 할 필요가 없다.

▶ **Check**
우리말에 맞도록 빈칸에 알맞은 말을 쓰시오.
3. 너는 창문을 열어서는 안 된다.
   You _____ _____ open the window.
4. 나는 안경을 쓸 필요가 없다.
   I _____ _____ _____ wear glasses.

3 may : '∼해도 된다' (허락), '아마 ∼일 것 같다' (약한 추측)

You **may** go back to your room. (허락)
He looks pale today. He **may** have a cold. (약한 추측)

▶ **Check**
다음 문장을 해석하시오.
5. He may be Ann's boyfriend.
6. You may use my pen.

 **Practice Test**

You must not wear glass slippers to the party. The prince may be sick of them. ♪

Mom! I'm not Cinderella. I'm Snow White.

A 다음 우리말과 같도록 빈칸에 알맞은 말을 쓰시오.

1. 그는 20대임에 틀림없다.

➡ He _____ be in his twenties.

2. 나는 약을 먹을 필요가 없다.

➡ I don't _____ _____ take medicine.

3. 그는 거짓말쟁이일 리가 없다. 그는 매우 정직한 소년이다.

➡ He _____ be a liar. He is a very honest boy.

A in one's twenties 20대에
medicine [médəsən] 약
liar [láiər] 거짓말쟁이

B 주어진 시제를 넣어 다음 문장을 고쳐 쓰시오.

1. He can arrive by 9 o'clock.

➡ He _____ arrive by 9 o'clock. (미래 will)

2. They must work on Sunday.

➡ They _____ work on Sunday. (미래 will)

➡ They _____ work on Sunday. (과거)

B arrive [əráiv] 도착하다

C 다음 밑줄 친 부분에 유의하여 문장을 해석하시오.

1. <u>Can</u> I leave my bag here?

2. He <u>can</u> speak four languages.

3. He <u>may</u> be doing his homework.

4. You <u>must not</u> talk with your mouth full.

C-1 다음 밑줄 친 부분에 유의하여 문장을 해석하시오.

1. You <u>may</u> play computer games.
2. He <u>must</u> be captain of the team.

C language [læŋgwidʒ] 언어
captain [kǽptin] 주장

D 다음 빈칸에 알맞은 것은?

If you do as I said, you _____ win the prize.

① will be   ② cannot   ③ have to   ④ will be able to

D win the prize 상을 받다

Unit 18 had better, would rather, would/used to

1 had better+동사원형

충고할 때 사용하는 조동사로, '~하는 것이 낫다' 라는 의미이다.
부정형은 had better not이다.

You **had better stop** playing computer games.
너는 컴퓨터 게임을 그만두는 편이 나을 거야.

You**'d better listen** to me.

I am sick. I**'d better not eat** dinner.
부정형은 「had better not+동사원형」

긍정	뜻	부정
had better +동사원형	~하는 것이 낫다	had better not
would rather +동사원형	차라리 ~하는 편이 낫다	would rather not
would+동사원형	~하곤 했다	would not
used to +동사원형	~하곤 했다, ~였다	didn't use(d) to / used not to

2 would rather+동사원형(+than ~)

선택하는 표현으로 '차라리 ~하는 편이 낫다' 는 의미이다. 뒷부분의 than 이하가 생략되기도 한다. 부정형은 would rather not이다.

I **would rather walk** *than take* a bus. 나는 버스를 타기보다는 차라리 걷는 것이 낫다.

I**'d rather wear** jeans *than* shorts. 나는 반바지보다는 차라리 청바지를 입는 것이 낫다.

I **would rather watch** TV at home.

I**'d rather not drink** coffee.
부정형은 「would rather not+동사원형」

3 would+동사원형 : ~ 하곤 했다 (과거의 습관)
used to+동사원형 : ~ 하곤 했다 (과거의 습관), ~ 이었다 (과거의 상태)

would는 과거의 습관을 나타내고 used to는 과거의 습관이나 상태를 나타낸다. (둘 다 지금은 그렇지 않다는 의미) used to는 변화된 과거의 상태에 쓸 수 있으나, would는 쓸 수 없다. used to의 부정형은 didn't use(d) to 또는 used not to로 쓴다.

I **would get up** early when I lived in the country. (과거의 습관)
= used to get up
나는 시골에 살 때 일찍 일어나곤 했다. (지금은 그렇지 않다.)

He **used to watch** TV a lot. (과거의 습관) 그는 TV를 많이 보곤 했다. (지금은 그렇지 않다.)
= would watch

The building **used to be** a chocolate factory. (과거의 상태)
would be로 바꿀 수 없다.
그 건물은 예전에는 초콜릿 공장이었다. (지금은 그렇지 않다.)

＊ **need**와 **need to**
need+동사원형 : need가 주로 부정문이나 의문문에서 조동사 역할
need to+동사원형 : need가 일반동사로 쓰일 때는 뒤에 「to+동사원형」이 온다.
Need I pay now? / You **need not worry** about me.
He **needs to change** trains at City Hall. / Did you **need to show** them your ID card?

Grammar+
「had better+동사원형」은 그 충고를 따르지 않으면 나쁜 결과가 올 수 있다는 의미를 포함한다.

▶**Check**
우리말에 맞도록 빈칸에 알맞은 말을 쓰시오.
1. 우리가 지금 출발하는 편이 낫겠다.
   We _____ better leave now.
2. 너는 TV를 보지 않는 편이 좋겠다.
   You had _____ _____ watch TV.

▶**Check**
다음 문장에서 어색한 부분을 고치시오.
3. I would rather eating fish.
4. I'd not rather call him.

▶**Check**
다음 문장을 해석하시오.
5. The building used to be a school.
6. He would sing when he was upset.

정답 | 1. had 2. better not 3. eating → eat 4. not rather → rather not 5. 그 건물은 예전에는 학교였다.(지금은 아니다.) 6. 그는 속이 상할 때면 노래를 부르곤 했다.(지금은 그렇지 않다.)

A 다음 문장에서 어법상 어색한 부분을 고치시오.

1. We have better drive slowly.
2. You had better not drinking coffee.
3. I would rather living in the city than in the country.
4. There would be a tall tree in front of my home.

A country [kʌ́ntri] 지방, 시골

B 다음 빈칸에 알맞은 것은?

> We _____ bother Dad now. He seems to be very busy.

① don't have better   ② had better not

③ had no better   ④ had not better

B bother [bɑ́ðər] 귀찮게 하다

C 다음 우리말과 같도록 빈칸에 알맞은 말을 쓰시오.

1. 나는 패스트푸드를 먹느니 차라리 아무것도 먹지 않겠다.
   ➡ I _____ _____ not eat anything _____ eat fast food.
2. 그는 당황하면 얼굴이 빨개지곤 했다.
   ➡ His face _____ _____ turn red when he got embarrassed.

C-1 다음 우리말과 일치하도록 빈칸에 알맞은 말을 쓰시오.

너는 아무 말도 하지 않는 것이 낫다.
You _____ _____ _____ say anything.

C embarrassed [imbǽrəst] 당황한

D 다음 대화의 빈칸에 알맞은 것을 고르시오.

1.
   > A I am getting fat.
   > B You had better _____.

   ① eat at night   ② stop exercising   ③ eat more fast food

   ④ eat sweets   ⑤ eat low-fat food

2.
   > A Would you be able to play soccer after school?
   > B _____ My ankle hurts.

   ① Yes, I would.   ② Yes, I had better.   ③ Sure, I would.

   ④ No, I'd rather not.   ⑤ No, I would rather.

D get fat 살이 찌다
sweet [swiːt] 단것
low-fat [lóufæt] 지방이 적은
ankle [ǽŋkl] 발목

Unit 19 조동사＋have＋과거분사

• 「조동사＋have＋과거분사(p.p.)」는 말하는 시점(보통 현재)보다 과거의 일을 나타내며, 과거의 일에 대한 후회나 유감, 확신, 추측, 가능성 등을 나타낸다.

should have p.p.	~했어야 했다
must have p.p.	~했음에 틀림없다
cannot have p.p.	~했을 리가 없다
may[might] have p.p.	~했을지도 모른다

1 should have p.p. : '~ 했어야 했는데, 하지 못했다' 라는 의미이다.

말하는 시점(보통 현재)에서 과거 사실에 대한 후회나 유감을 나타낸다.

I **should have studied** English harder. 나는 좀 더 열심히 영어를 공부했어야 했다.

She **should have called** her mom. 그녀는 엄마에게 전화를 했어야 했다.

You **should not have eaten** the food. 너는 그 음식을 먹지 말았어야 했다.
부정형은 should 다음에 not을 쓴다.

▶Check
다음 문장을 해석하시오.
1. You should have gone to bed earlier.
2. I should not have visited him.

2 must have p.p. : '~했음에 틀림없다' 라는 의미이다.

말하는 시점(보통 현재)에서 과거 사실에 대한 강한 추측을 나타낸다.

The ground is wet. It **must have rained** last night.
말하는 시점은 현재   어젯밤에 비가 왔던 것이 틀림 없음
땅이 젖어 있다. 어젯밤에 틀림없이 비가 왔을 것이다.

He **must have lived** in America. 그는 미국에 살았던 것이 틀림없다.

I **must have left** it in your office. 나는 네 사무실에 그것을 두고 온 것이 틀림없다.

Grammar+
could have p.p : ~할 수 있었을 텐데 (실제로는 안 했다)
You **could have told** me!
네가 내게 말해 주었더라면 좋았을 텐데! (왜 말해 주지 않았니?)

3 cannot have p.p. : '~했을 리가 없다' 라는 의미이다.

말하는 시점(보통 현재)에서 과거 사실에 대한 강한 부정적 추측을 나타낸다.

She **cannot have done** it. 그녀가 그것을 했을 리가 없다.

He **can't have written** the story. 그가 그 이야기를 썼을 리가 없다.

Tom **can't have lent** you that much money.
Tom이 너에게 그렇게 많은 돈을 빌려주었을 리가 없다.

▶Check
괄호 안에서 알맞은 것을 고르시오.
3. I don't know her. I (must, can't) have met her before.

4 may[might] have p.p. : '~했을지도 모른다' 라는 의미이다.

말하는 시점(보통 현재)에서 과거 사실에 대한 약한 추측을 나타낸다.

Jenny is late. She **may have missed** the bus.
Jenny는 늦었다. 그녀는 아마 버스를 놓쳤을지도 모른다.

The speaker **might have misunderstood** the question.
그 발표자는 아마 질문을 잘못 이해했을지도 모른다.

He was depressed at the news of your marriage. He **might have loved** you. 그는 네 결혼 소식에 우울해했다. 그는 아마도 너를 사랑했을지도 모른다.

▶Check
주어진 동사의 알맞은 형태를 쓰시오.
4. They cannot have _____ the rumor. (hear)
5. She may have _____ the machine. (use)

정답 | 1. 나는 더 일찍 잠을 잤어야 했다. 2. 나는 그를 방문하지 말았어야 했다. 3. can't 4. heard 5. used

Practice Test

A 다음 밑줄 친 문장에서 어법상 <u>어색한</u> 부분을 고치시오.

1. My grades are not good. <u>I should have study harder</u>.

2. She traveled around Europe last year. <u>She may have be to England</u>.

3. Tom finished it very quickly. <u>He must has done it before</u>.

A grade [greid] 성적

B 다음 빈칸에 알맞은 것을 고르시오.

1.

> The party was fantastic. You _____ to the party.

① should have come   ② must have come
③ may have come   ④ can't have come

2.

> The room is very clean. Someone _____ the room.

① should have cleaned   ② must have cleaned
③ could have cleaned   ④ can't have cleaned

B fantastic [fæntǽstik] 환상적인

C 다음 우리말과 같도록 빈칸에 알맞은 말을 쓰시오.

1. 너는 그 음식을 먹지 말았어야 했다.
   ➡ You _____ the food.
2. 그가 내 책을 읽었을 리가 없다.
   ➡ He _____ my book.
3. 그는 연습을 많이 했음에 틀림없다.
   ➡ He _____ a lot.

C practice [prǽktis] 연습하다

★Stonehenge : 스톤헨지
영국 서남부 솔즈베리 평원(Salisbury Plain)에 있는 거석 기념물. 석기시대에 완성되었으며 누가, 왜 건설했는지는 정확히 알려지지 않았다. 돌 한 개의 무게는 25톤에서 최고 50톤까지 나간다. 기중기와 같은 기구가 없던 당시에 50톤 무게의 돌을 어떻게 운반했는지에 대한 궁금증이 여전히 남아 있다.

D 다음 빈칸에 공통으로 알맞은 것은?

> Stonehenge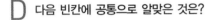 is a group of big rocks that are arranged into a large circle with a smaller circle inside it. Some people think that it _____ have been built for religious ceremonies. Some say that it _____ have been used to study the movement of stars.

① will   ② may   ③ should   ④ would

D arrange [ərǽindʒ] 배열하다, 배치하다
religious [rilídʒəs] 종교적인
ceremony [sérəmòuni] 의식

01 다음 중 어법상 어색한 것은?

① I'd not rather see the movie.
② I had to visit him last night.
③ You don't have to do the dishes.
④ You will be able to understand him.
⑤ She is able to speak Chinese.

02 다음 문장의 밑줄 친 부분이 뜻하는 것은?

> We should have listened to the guide.

① 부탁　　② 후회　　③ 허락
④ 감탄　　⑤ 추측

[03~04] 다음 빈칸에 알맞은 것을 고르시오.

03
> I haven't seen Alice for ages. She _____ the town.

① may have come to
② should have come to
③ must have left
④ cannot have left
⑤ must have come to

04
> I have a stomachache. I _____ have eaten so much.

① couldn't　　② could　　③ can't
④ should　　　⑤ shouldn't

05 다음 문장에서 어법상 어색한 부분을 고치시오.

> When I was a child, I liked to play sports. I used to playing soccer after school.

06 다음 중 밑줄 친 may의 뜻이 주어진 문장과 다른 것은?

> I can see the moon clearly. It <u>may</u> be fine tomorrow.

① She <u>may</u> be in the kitchen, baking a cake.
② You <u>may</u> feel the plane shake as it takes off.
③ You <u>may</u> use my new dictionary for a while.
④ My baby is running a fever. She <u>may</u> have a cold.
⑤ I have just missed the bus. I <u>may</u> be late for the lesson.

07 다음 빈칸에 공통으로 알맞은 단어를 쓰시오.

> • During classes you _____ listen to your teachers.
> • I missed the train. I _____ have come earlier.

08 다음 우리말과 같도록 빈칸에 알맞은 말을 쓰시오.

> 나는 도보 여행을 하는 대신 차라리 집에 있겠다.
> ➡ I _____ _____ stay at home _____ go hiking.

09 (A)와 (B)의 네모에서 알맞은 것을 고르시오.

> I am having a great time here. You (A) should/would have come here. Last week I went to a zoo. There I could touch and play with koalas. I took pictures of them and you (B) may/should be able to see them next week. I will call you when I get there.

[10~11] 다음 글을 읽고, 물음에 답하시오.

> "Why ⓐ do you miss your house, Grandpa?"
> "Yunji, I don't miss the house ⓑ itself but the memories in it. Your grandma and I used to ⓒ cleaning up the house every day. Your dad ⓓ grew up there. I had many wonderful moments in my life there. ⓔ Living in that house was living with those memories."
>
> [교과서 지문]

10 위 글의 밑줄 친 ⓐ~ⓔ 중에서 어법상 어색한 것은?

① ⓐ ② ⓑ ③ ⓒ ④ ⓓ ⑤ ⓔ

11 다음 중 위 글의 내용과 일치하지 않는 것은?

① 윤지에게는 할아버지가 있다.
② 윤지의 할아버지와 할머니는 매일 집 청소를 했다.
③ 윤지는 할아버지의 집에서 자랐다.
④ 윤지의 할아버지는 그 집에서 좋은 추억이 많았다.
⑤ 할아버지는 집 자체는 그리워하지 않는다.

12 다음 대화의 빈칸에 알맞은 조동사를 쓰시오.

> A Sumi plays the piano very well.
> B She _____ have practiced a lot.
> (그녀는 많이 연습했음에 틀림없다.)

13 다음 주어진 단어를 이용하여 두 문장의 의미가 같도록 빈칸을 완성하시오.

> You can get the results soon. (will)
> ⇒ You _____ .

서술형

14 주어진 표현을 이용하여 각 번호의 내용과 관련되도록 문장을 완성하시오. [3점]

> (1) I hadn't been late for school until last year. These days, however, I am sometimes late for school. I was late for school today again. (2) I did poorly on the math test and (3) made noise during the class. (4) So my teacher punished me.

| must | have to | should | used to |

(1) I didn't use to be late for school.
(2) I _____ _____ study math harder.
(3) I _____ _____ _____ quiet during the class.
(4) My teacher _____ _____ _____ upset because of me.

Grammar Build Up

| used to + 동사원형, be used to + 동사원형, be used to + -ing |

1 used to + 동사원형 : 과거의 반복적인 습관, 과거의 상태를 나타낸다.

• 과거의 반복적인 습관 : '~하곤 했다 (지금은 안 한다)'
  My father **used to** smoke. 나의 아버지께서는 담배를 피우곤 하셨다. (지금은 안 피우신다.)

• 과거의 상태 : '~가 있었다 (지금은 없다)'
  There **used to** be a bakery on the corner. 길 모퉁이에 빵집이 있었다. (지금은 없다.)

• used to가 과거의 반복적인 습관을 나타낼 때는 would로 바꿔 쓸 수 있지만, 과거의 상태를 나타낼 때는
  would로 바꿔 쓸 수 없다.
  She **used to**(= would) study with us at this library. 그녀는 우리와 이 도서관에서 공부하곤 했다.
  There **used to** be a secondhand bookstore near here. 이 근처에 헌 책방이 있었다.

2 be used to + 동사원형 : '~하기 위해서 사용되다'

• be used는 동사 use의 수동형이다.
• 「to + 동사원형」은 목적을 나타내는 to부정사의 부사적 용법이다.
  Pink balloons **were used to decorate** the room. 분홍색 풍선이 방을 장식하기 위해 사용되었다.

3 be used to + -ing : '~하는 데 익숙하다'

• 여기서 to는 전치사이므로, 다음에 (동)명사가 이어진다.
• 유사 표현 : be accustomed to + -ing
  She is used to getting up early. 그녀는 일찍 일어나는 것에 익숙해져 있다.
     = is accustomed to getting

확인 C / H / E / C / K

● 다음 괄호 안에서 알맞은 것을 고르시오.

1. I'm used to (live, living) in a big city.

2. There (used to, would) be a cinema near my house.

3. Mr. Jackson used to (drive, driving) to work.

● 다음 문장에서 어법상 <u>어색한</u> 부분을 고치시오.

4. Mary is not used to use chopsticks.

5. I used to wearing glasses.

6. Red pens are used to marking the essays.

정답 | 1. living 2. used to 3. drive 4. use → using 5. wearing → wear 6. marking → mark

Chapter 08

가정법

Unit 20 가정법 과거, 가정법 과거완료

1 가정법 과거

- 현재의 사실을 반대로 가정, 상상해 보거나 현재나 미래에 실현 가능성이 희박한 일을 가정, 상상해 보는 것이다.

- **If+주어+동사의 과거형, 주어+would+동사원형 :
~한다면 …할 텐데**

  if절의 일반동사는 **과거형**, be동사는 인칭·수에 관계없이 **were**를 쓴다. 주절의 조동사는 일반적으로 **would**를 쓰지만, 의미에 따라 **could**나 **might**를 쓰기도 한다.

  If I **were** young, I **could** enjoy this party.
  (= As I am not young, I cannot enjoy this party.)
  내가 젊다면, 나는 이 파티를 즐길 수 있을 텐데.

  If I **had** the new CD, I **would** lend it to you.
  만일 내가 새 CD를 가지고 있다면, 너에게 그것을 빌려줄 텐데.

	조건절	주절
가정법 과거	If + 주어 + 동사의 과거형,	주어 + would/could ... + 동사원형
	(~한다면 …할 텐데) – 현재 사실을 반대로 가정 – 실현 가능성이 희박한 일을 가정	
가정법 과거완료	If + 주어 + had+p.p. ~ ,	주어 + would/could ... + have + p.p.
	(~했다면 …했을 텐데) – 과거 사실을 반대로 가정	

Grammar+

가정법 과거의 if절(조건절)에서 be동사는 인칭·수에 상관없이 were를 쓰는 것이 원칙이나, 구어체에서는 주어가 1인칭 단수나 3인칭 단수일 때 was를 쓰기도 한다.
If I **was** a boy, I **would** play baseball.

2 가정법 과거완료

- 과거 사실을 반대로 가정하거나, 과거에 이루지 못했던 일을 가정, 상상해 보는 것이다.

- **If+주어+had+p.p., 주어+would have+p.p. : ~했다면 …했을 텐데**

  if절의 동사는 「had +과거분사」로 과거완료형, 주절은 「조동사의 과거형+ have +과거분사」를 쓴다.

  If she **had loved** me then, she **would have accepted** my present.
  (= As she didn't love me then, she didn't accept my present.)
  만일 그녀가 그때 나를 사랑했다면, 그녀는 내 선물을 받아들였을 텐데.

▶**Check**
괄호 안에서 알맞은 것을 고르시오.
1. If I were not tired, I (will, would) go to the movies.
2. If Jim took your advice, he (may, might) be happier.

▶**Check**
밑줄 친 동사를 알맞은 형태로 바꾸시오.
3. If it <u>be</u> fine yesterday, we would have gone on a hike.
4. If I had not forgotten your telephone number, I <u>call</u> you.

3 if의 생략

가정법에서 if를 생략하면 주어와 동사의 위치가 바뀐다. (문어적 표현)
Were he healthy, he would play outside.
⬅ If he were healthy, he would play outside. 만약 그가 건강하다면, 그는 밖에서 놀 텐데.

Had she taken the medicine, she might have recovered more quickly.
⬅ If she had taken the medicine, she might have recovered more quickly. 만약 그녀가 약을 먹었더라면, 그녀는 조금 더 빨리 회복됐을 텐데.

▶**Check**
다음 문장을 if를 생략하여 다시 쓰시오.
5. If you were my friend, you would not say that.
6. If he had known your address, he would have written to you.

정답 | 1. would 2. might 3. had been 4. could[would] have called 5. Were you my friend, you would not say that. 6. Had he known your address, he would have written to you.

Practice Test

A 다음 문장의 괄호 안에서 알맞은 것을 고르시오.

1. I am very poor. If I (am, were, had been) rich, I (can, could) buy a digital camera.

2. He is very busy. If he (has, had, had had) time, he (will, would) study harder.

3. She was not there. She (played, would play, would have played) the cello if she (was, were, had been) there.

B 다음 밑줄 친 동사를 알맞은 형태로 바꾸시오.

1. If I <u>be</u> in his place, I would not do so.

2. If I <u>have</u> enough money, I would give it to you.

3. If they had listened to me, they <u>not make</u> that mistake.

C 다음 밑줄 친 부분을 해석하시오.

1. <u>Were I you</u>, I might choose Chinese as a second language.

2. <u>Had I not worked hard</u>, I could not have bought a car.

D 다음 우리말과 같도록 빈칸에 알맞은 말을 쓰시오.

1. 만약 어제 비가 내리지 않았다면, 우리는 테니스를 칠 수 있었을 텐데.

If it _____ _____ _____ yesterday, we could have played tennis.

2. 만약 지금 그녀가 여기 있다면, 나는 그녀에게 청혼할 수 있을 텐데.

If _____ _____ here now, I _____ _____ to her.

A cello [tʃélou] 첼로

B be in one's place ~의 입장이다
make a mistake 실수하다

C-1 다음 밑줄 친 부분을 해석하시오.

Had you been more careful, you would not have broken that glass.

C choose [tʃuːz] 선택하다
second language 제 2언어

D propose [prəpóuz] 청혼하다

Unit 21
I wish, as if, without[but for]

1

I wish + 가정법 과거 : I wish + 주어 + 동사의 과거형 (~라면 좋을 텐데)
I wish + 가정법 과거완료 : I wish + 주어 + had + 과거분사 (~였다면 좋을 텐데)

「I wish + 가정법 과거」는 실현 불가능한 소망이나 현재 사실에 대한 아쉬움을 나타내고,
「I wish + 가정법 과거완료」는 과거의 일에 대한 아쉬움을 나타낸다.

- **I wish I were** as rich as he. 내가 그만큼 부자라면 좋을 텐데.
  (= I'm sorry that I am not as rich as he.)

- **I wish I had heard** the news.
  내가 그 소식을 들었더라면 좋을 텐데.
  (= I'm sorry that I didn't hear the news.)

Grammar+
이 구문에서는 주어로 I가 많이 쓰이지만, 다른 주어가 오기도 한다.
She wishes she **could** go to the concert.

I wish + 가정법 과거 I wish + 가정법 과거완료	~라면 좋을 텐데 ~였다면 좋을 텐데
as if + 가정법 과거 as if + 가정법 과거완료	마치 ~인 것처럼 마치 ~였던 것처럼
without[but for] + 명사, + 가정법 과거[가정법 과거완료]	~이 없다면[~이 없었다면]

2

as if + 가정법 과거 : as if + 주어 + 동사의 과거형 (마치 ~인 것처럼)
as if + 가정법 과거완료 : as if + 주어 + had + 과거분사 (마치 ~였던 것처럼)

- He looks **as if** he **were** sick. 그는 마치 아픈 것처럼 보인다.
  (= In fact he is not sick.)

- He looks **as if** he **had been** sick. 그는 아팠던 것처럼 보인다.
  (= In fact he was not sick.)

▶**Check**
밑줄 친 부분을 알맞은 형태로 바꾸시오.
1. I wish I <u>have</u> a girlfriend now.
2. I wish I <u>study</u> hard then.

▶**Check**
괄호 안에서 알맞은 것을 고르시오.
3. He always speaks to me as if I (am, were) a child.
4. She talks as if she (has known, had known) everything about it.

3

Without[But for] + 명사, + 가정법 과거 : 현재 있는 것을 없다고 가정
Without[But for] + 명사, + 가정법 과거완료 : 과거에 있었던 것을 없다고 가정

- **Without** money, you could not buy anything.
  = **But for** money, you could not buy anything. (문어적 표현)
  = **If it were not for** money, you could not buy anything.
  = **Were it not for** money, you could not buy anything.
  돈이 없다면, 너는 아무것도 살 수 없을 것이다.

- **Without** your help, I couldn't have finished it.
  = **But for** your help, I couldn't have finished it.
  = **If it had not been for** your help, I couldn't have finished it.
  = **Had it not been for** your help, I couldn't have finished it.
  너의 도움이 없었다면, 나는 그 일을 끝낼 수 없었을 것이다.

▶**Check**
두 문장의 뜻이 같도록 빈칸에 알맞은 말을 쓰시오.
5. If it were not for air, we could not live.
  = _____ air, we could not live.
6. If it had not been for the accident, we would have arrived earlier.
  = _____ _____ the accident, we would have arrived earlier.

Practice Test

정답과 해설 p. 12

I wish I knew where to put these leaves.

Put them in the baskets just like last year.

How can I? The baskets are still full from last year.

A 다음 문장의 괄호 안에서 알맞은 것을 고르시오.

1. I wish I (were, am) Superman.
2. I wish I (bought, had bought) the house then.
3. The foreigner spoke as if he (is, were) Korean.
4. She looks as if she (had been, were) ill for a long time.
5. But for your help, I (would, will) not have succeeded in business.
6. Without your advice, he (had failed, would have failed) the examination.

A for a long time 오랫동안
succeed [səksíːd] 성공하다

B 다음 우리말과 같도록 빈칸에 알맞은 말을 쓰시오.

1. 나의 어머니가 살아 계시면 좋을 텐데.

   ➡ I wish my mother _____ alive.

2. 그는 마치 나를 알고 있었던 것처럼 말을 걸었다.

   ➡ He spoke to me as if he _____ known me.

B alive [əláiv] 살아 있는
speak to ~에게 말을 걸다

C 다음 두 문장의 뜻이 같도록 빈칸에 알맞은 말을 쓰시오.

1. I didn't know her e-mail address, so I couldn't send her an e-mail.

   ➡ If I had known her e-mail address, I _____ _____ _____ her an e-mail.

2. If he had not had the accident, he would have arrived there in time.

   ➡ _____ the accident, he would have arrived there in time.

C-1 다음 두 문장의 뜻이 같도록 빈칸에 알맞은 말을 쓰시오.

I was not on the street, so I couldn't see the parade.

→ I could have seen the parade if I _____ _____ on the street.

C in time 늦지 않게, 때를 맞춰

D 다음 문장에서 어법상 어색한 부분을 고치시오.

1. If it were not for water, no plant can grow.
2. She spoke as if she knew everything then.

D plant [plænt] 식물

Review Test

01 다음 우리말과 같도록 괄호 안의 동사를 알맞은 형태로 바꾸시오.

> 그 때 내게 카메라가 있었다면, 그 성의 사진을 찍을 수 있었을 텐데.
> ➡ If I (have) a camera then, I (take) a picture of the castle.

[02~03] 다음 두 문장의 뜻이 같도록 빈칸에 알맞은 말을 쓰시오.

02

> If it had not been for the traffic jam, we would have arrived on time.
> = _____ the traffic jam, we would have arrived on time.

03

> I am sorry I didn't choose Jim to be my husband at that time.
> = I wish I _____ _____ Jim to be my husband at that time.

04 다음 빈칸에 공통으로 알맞은 단어를 쓰시오.

> • If I _____ a man, I could go with you to fight the war.
> • If you _____ rich, you could buy the expensive car.

[05~07] 다음 빈칸에 알맞은 것을 고르시오.

05

> If I _____ in your place, I might quit my job.

① am   ② were   ③ be
④ have been ⑤ had been

06

> We could win the next game if Tom _____ on our team.

① play   ② plays
③ has played   ④ played
⑤ had played

07

> What would you do if you _____ a ghost?

① seeing   ② saw
③ have seen   ④ had seen
⑤ have been seeing

08 다음 밑줄 친 부분 중 어법상 옳은 것은?

① I wish I <u>can</u> drive well.
② He looks as if he <u>was</u> happy then.
③ If I <u>have</u> a chance to go, I would take it.
④ If you <u>worked</u> harder, you would have succeeded.
⑤ If it <u>had been</u> fine yesterday, we would have gone on a hike.

09 고난도

다음 밑줄 친 부분 중 어법상 어색한 것은?

① He looked as if he <u>loved</u> her.
② I wish I <u>had been</u> able to speak English fluently.
③ She talked as if she <u>had been</u> there.
④ He would have gotten angry if I <u>have told</u> him the truth.
⑤ <u>Without</u> music, he could not live.

10 다음 우리말을 영어로 바르게 옮긴 것은?

> 그를 만났더라면 좋을 텐데.

① I wish I meet him.
② I wish I met him.
③ I wish I will meet him.
④ I wish I would meet him.
⑤ I wish I had met him.

11 고난도

다음 문장에서 어법상 어색한 부분을 바르게 고친 것은?

> She looks as if she is made of ice.

① looks → looked   ② as if → that
③ is → were   ④ of → from
⑤ ice → an ice

12 다음 문장을 If를 생략하여 다시 쓰시오.

> If you had arrived late, you couldn't have taken the plane.

➡ _____

13 다음 밑줄 친 부분 중 어법상 어색한 것은?

> If we ① <u>don't use</u> body language, it would be ② <u>much</u> harder ③ <u>for us</u> ④ <u>to communicate</u> with ⑤ <u>each other</u>.

14 다음 괄호 안에서 알맞은 단어를 고르시오.

> If he (is, were, had been) a good teacher, he would have treated the children fairly.

15 다음 괄호 안의 말을 알맞은 형태로 바꾸시오.

> If she had listened to my advice, she (not make) that mistake.

16 다음 대화의 빈칸에 알맞은 말을 쓰시오.

> A Is Minsu angry with his sister?
> B No, he isn't. But he is acting as if
> _____ .

[17~18] 다음 글을 읽고, 물음에 답하시오.

Day 3

We got up early in the morning to visit Taeha Lighthouse. When I reached it, I felt as if I ⓐcan touch the sky. From the lighthouse I could see the face of Ulleungdo: high cliffs, strange rocks, and the beautiful blue sea.

We went back to Dodong harbor and said good-bye to Ulleungdo. I felt sorry to leave. A sea bird looked at me ⓑ(felt, if, I, as, understood, she, how). My memories of the island will stay in my heart forever. [교과서 지문]

17 위 글의 밑줄 친 ⓐ를 어법에 맞게 고치시오.

18 위 글의 괄호 ⓑ에 주어진 단어를 바르게 배열한 것은?

① she understood how I felt as if
② how I felt as if she understood
③ how I felt she understood as if
④ as if she understood how I felt
⑤ as if how I felt she understood

[19~20] 다음 글을 읽고, 물음에 답하시오.

When people get on the Free Fall, the car is taken to the top of the tall tower. Soon it falls down at a very high speed from the top. If there ⓐ(is, were) nothing to slow down the car, it would crash. Actually, strong magnets ⓑ(use) to slow down the car. So, the car safely comes to a stop. [교과서 지문]

19 위 글의 괄호 ⓐ에서 알맞은 것을 고르시오.

20 위 글의 괄호 ⓑ에 주어진 단어의 형태로 알맞은 것은?

① use   ② used   ③ is used
④ are used   ⑤ were used

서술형

21 화살표를 따라가면서 〈보기〉와 같이 완전한 문장을 쓰시오.
[8점]

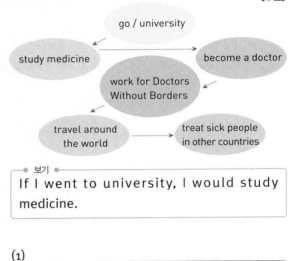

go / university
study medicine
become a doctor
work for Doctors Without Borders
travel around the world
treat sick people in other countries

━● 보기 ●━
If I went to university, I would study medicine.

(1) _____

(2) _____

(3) _____

_____

(4) _____

_____

22 주어진 표현을 이용하여 흐름에 맞게 대화를 완성하시오.
[4점]

A Why didn't you play soccer yesterday?
B I was sick. (1) If I had not been sick, I would have played soccer yesterday.
A Did you take medicine?
B No, I didn't. (2) _____
_____ (feel better)
A Why don't you go to see a doctor, then?
B I wish (3) _____, (can) but I have to do this work first.

Chapter 09

관계사

방금 들어온 뉴스입니다. 기차가 선로를 이탈했는데, 그 선로는 수리 중이었다고 하네요.

The train went off the tracks **and** they were under repair.

저 사람 말이 너무 장황하군. 접속사랑 대명사를 한꺼번에 처리하면 좋은데.

그러게요. 관계대명사를 모르는 리포터군요. 하하.

The train went off the tracks **which** were under repair.

저는 어떤 곳에 와 있습니다. 이곳은 어린 소녀가 사나운 늑대를 잡은 현장입니다.

I'm in a place **and** a girl caught the wild wolf **here**.

이 사람도 말이 장황해. 이제 네가 문장을 좀 간결하게 말해보렴.

접속사 and는 없어도 되고, here도 a place랑 같은 곳이므로 없어도 되고, 관계부사를 이용하면 되겠네요.

I'm in a place **where** a girl caught the wild wolf.

관계대명사의 격

- 관계대명사는 두 문장을 연결해 주는 접속사 역할과 두 문장에서 반복적으로 쓰이는 대명사의 역할을 함께 한다. 또한 관계대명사가 이끄는 절은 그 절 앞에 있는 명사를 꾸며 주는 역할을 한다.

	선행사가 사람	선행사가 사물이나 동물
주격	who / that	which / that
목적격	whom / that (생략 가능)	which / that(생략 가능)
소유격	whose (+명사)	whose (+명사)
선행사 포함	what	

1 관계대명사의 격

- **주격 관계대명사** : 주격 관계대명사절의 동사는 선행사의 인칭과 수에 일치한다.

  That's the boy **and he** invited me to the party.
  접속사 대명사(주어 역할)

  ➡ That's the boy **who** invited me to the party.
  선행사

  This is a machine **which** makes popcorn. 팝콘을 만드는 기계
  선행사가 3인칭 단수이므로, 관계대명사절의 동사도 3인칭 단수형으로 쓴다.

- **목적격 관계대명사** : 생략 가능

  That's the boy (**whom**) I invited to the party. 내가 파티에 초대한 소년

  This is the computer (**which**) we bought yesterday.

- **소유격 관계대명사**
  소유격+명사

  That's the boy **and his birthday** is today.

  ➡ That's the boy **whose birthday** is today. 오늘이 생일인 소년
  (소유격 관계대명사+명사)

  I lost a pen **and its case** is silver.

  ➡ I lost a pen **whose case** is silver. 케이스가 은색인 펜

Grammar+
선행사 : 관계대명사 앞에 오는 명사로 관계대명사절의 꾸밈을 받는 말이다.

▶Check
괄호 안에서 알맞은 것을 고르시오.
1. The movie (that, whom) I saw last week was boring.
2. She fell in love with the man (whom, whose) she met yesterday.
3. Who is the teacher (whom, whose) nickname is Terminator?

2 관계대명사 what

선행사를 포함하는 관계대명사로 what(= the thing(s) which[that])이 이끄는 관계대명사절은 명사절로 문장에서 주어, 목적어, 보어 역할을 한다. '~하는 것'이라는 뜻이다.

What is important is to do your best. (주어) 중요한 것은
Show me **what** you have in your hand. (목적어) 당신 손에 가지고 있는 것을
This is **what** I have been looking for. (보어) 내가 찾고 있었던 것

▶Check
밑줄 친 부분을 해석하시오.
4. What I need is peace of mind.
5. This is what I want you to do.

3 주격 관계대명사+be동사+현재분사[과거분사]

「주격 관계대명사+be동사」는 생략 가능하며, 생략한 경우 현재분사나 과거분사는 선행사를 수식한다.

Look at the girl (**who is**) **jogging** around the playground. 운동장을 뛰는 소녀

Read many books (**that are**) **written** in English. 영어로 써진 많은 책

▶Check
밑줄 친 부분 앞에 생략된 관계대명사와 be동사를 쓰시오.
6. Do you know the woman talking to Tom?
7. Things made in China are not expensive.

정답 | 1. that 2. whom 3. whose 4. 내가 필요한 것은 5. 내가 당신이 하기를 원하는 것 6. who[that] is 7. that[which] are

Practice Test

정답과 해설 p. 14

A 다음 문장의 괄호 안에서 알맞은 것을 고르시오.

1. Children (who, whom) play with fire are in danger.
2. He's the man (whom, whose) car was stolen last week.
3. They couldn't believe (what, which) they saw.
4. The book (which, what) I read last night was exciting.
5. There's the house (that, of which) I wanted to buy.

> **A** danger [déindʒər] 위험

B 다음 문장에서 어법상 <u>어색한</u> 부분을 고치시오.

1. Can you see the man which is standing at the gate?
2. The people who have just arrived at the airport is Korean.
3. Wastes carrying from land to sea pollute the water.
4. The thing what we really need is time.

> **B-1** 다음 문장에서 어법상 <u>어색한</u> 부분을 고치시오.
>
> The map that he made have been lost for 200 years.
>
> **B** gate [ɡeit] 대문, 출입구
> pollute [pəlúːt] 오염시키다

C 다음 문장을 해석하시오.

1. My father has a friend whose wife is a famous singer.
2. The water that flows over Niagara Falls comes from four great lakes.
3. The city which I visited ten years ago had a terrible earthquake last year.
4. What I want is to finish the job today.

> **C** famous [féiməs] 유명한
> terrible [térəbəl] 끔찍한
> earthquake [ɔ́ːrθkwèik] 지진

D 다음 우리말과 같도록 주어진 단어들을 바르게 배열하시오.

1. 이 프로그램은 영어가 모국어가 아닌 아이들을 위한 것이다.

   (English, mother tongue, not, is, whose)

   ➡ This program is for children _____

2. 너는 항상 옳은 것을 하려고 노력해야 한다.

   (must, always, to, you, do, is, try, what, right)

   ➡ _____

> **D** mother tongue 모국어
> try to ~하려고 노력하다

Unit 22 **81**

Unit 23 관계대명사의 주의할 용법

1 관계대명사의 계속적 용법

「선행사+콤마(,)+관계대명사」의 형태로 「접속사+대명사」의 의미
로 해석하며, 선행사에 대한 정보를 추가할 때 쓴다.

My sister Mia, **who** is a chef, lives in London.
(= and she)
내 동생 Mia는 요리사이고 런던에 산다. → 요리사라는 정보를 추가함

Mt. Halla, **which** is in Jejudo, is the highest
(= and it)
mountain in South Korea. 한라산은 제주도에 있고 남한에서 가장 높은 산이다.
→ 제주도에 있다는 정보를 추가함

cf. We have two daughters **who** became nurses.
딸이 여러 명 있는데, 간호사 딸은 두 명이라는 의미

We have two daughters, **who** became nurses.
딸이 두 명 있는데, 그 딸 두 명이 간호사가 되었다는 의미

✻ 관계대명사 that과 what은 계속적 용법으로 쓰이지 않는다.
My uncle Tom, **that** lives in Sydney, is a dancer. (X → who로 고쳐야 함)
I cannot understand, **what** he says. (X → 콤마(,) 삭제)

I know <u>the man</u> | who is a pilot. | : 어느 남자인지 한정해 줌
└─ 조종사인 그 남자

I know Tom, | who is a pilot. | : Tom에 대해 더 자세한 정보를 알려줌
└─→ Tom을 알고 있는데, 그는 조종사이다.

▶**Check**
괄호 안에서 알맞은 것을 고르시오.
1. My mother, (who, which, that) is 60 now, works in the supermarket.
2. Sam's bike, (who, which, that) was made in Germany, is very expensive.

2 앞에 나온 구, 절, 문장을 대신하는 관계대명사 which

I tried *to open the door*, **which** was impossible. (구를 대신함)
(= but it)
He said *he was rich*, **which** was a lie. (절을 대신함)
(= but it)
Sally passed the exam, **which** surprised us. (앞 문장을 대신함)
(= and this) Sally가 시험에 합격했고, 이 사실은 우리를 놀라게 했다.

▶**Check**
밑줄 친 부분이 가리키는 말을 문장에서 찾아 우리말로 쓰시오.
3. They are going to get married, <u>which</u> is good news.
4. He didn't keep the promise, <u>which</u> made me upset.

3 전치사+목적격 관계대명사

관계대명사가 전치사의 목적어일 때, 전치사는 관계대명사의 앞 또는 문장의 맨 뒤에 올 수
있다. 단, 관계대명사를 생략할 경우 전치사는 문장의 맨 뒤에 둔다.

She is the girl. + I've been talking **about her**. 목적어 her 앞에 전치사가 있음
➡ She is the girl **who(m)** I've been talking **about**.
목적어 her가 관계사로 바뀌면서 전치사가 남음

➡ She is the girl **about** whom I've been talking. 전치사가 관계대명사 앞으로 이동

This is the problem. + We are interested **in it**.
➡ This is the problem **which[that]** we are interested **in**.
➡ This is the problem **in which** we are interested.
이것은 우리가 관심 있는 문제이다.
This is the problem **in** we are interested. (×)
「전치사+관계대명사」인 경우 관계대명사를 생략할 수 없다.
This is the problem **in that** we are interested. (×)
「전치사+관계대명사 that」은 불가능하다.

▶**Check**
괄호 안에서 알맞은 것을 고르시오.
5. Angela, with (which, whom) he is in love, is my cousin.
6. The bed, (in, for) which he slept last night, was too hard.

정답 | 1. who 2. which 3. 그들이 결혼할 거라는 것 (사실)
4. 그가 약속을 지키지 않은 것 (사실) 5. whom 6. in

A 다음 빈칸에 알맞은 관계대명사를 쓰시오.

1. She said it would be done by March, _____ I doubt.
2. This morning I met Molly, _____ I had not seen for ages.
3. We often visit our grandparents in Bristol, _____ is only 20 miles away.
4. My brother Sam, _____ is a doctor, works in the hospital.
5. The Smiths, _____ house was broken into last month, are moving tomorrow.

B 다음 문장의 괄호 안에서 알맞은 것을 고르시오.

1. The club (to, in) which he belongs is famous.
2. It's a subject (from, about) which I have never thought.
3. She is the teacher (by, to) whom you should send your résumé.
4. The slum* is the place (for, from) which rap music came.
5. She bought a new car (to, for) which she paid quite a lot.

C 다음 문장에서 어법상 <u>어색한</u> 부분을 고치시오.

1. The town which I live is very noisy.
2. She is the student whom Mr. Lee has talked.
3. We are surprised at the speed at that the child can type.

D 다음 우리말과 같도록 주어진 단어들을 바르게 배열하시오.

1. 그녀는 침묵을 지켰는데, 이것이 나를 더욱 화나게 했다.
   (silent, which, more, made, upset, me)
   ➡ She kept _____.

2. 이 편지가 들어 있던 봉투는 어디 있나요?
   (this, letter, in, came, which)
   ➡ Where is the envelope _____?

A doubt [daut] 의심하다
for ages 오랫동안
move 이사가다

B résumé [rézumèi] 이력서

★Slum
슬럼은 도시에서 빈민이 많은 지역이나 주택 환경이 나쁜 지역을 말한다. 슬럼의 어원은 slumber(잠·선잠)이다. 그곳은 마치 조는 듯이 눈에 띄지 않는, 뒷골목 같은 장소였기 때문이다.

C noisy [nɔ́izi] 시끄러운
speed [spi:d] 속도, 속력

D upset [ʌpsét] 화가 난
envelope [énvəlòup] 편지 봉투

Unit 24 관계부사

- 관계부사는 접속사와 부사 역할을 한다. 문장과 문장을 연결하는 접속사 역할을 하면서 자신이 이끄는 절 안에서 선행사를 대신하는 부사 역할을 한다. 또한 「전치사＋관계대명사」로 바꿀 수 있다.

1 관계부사 where : 선행사가 장소를 나타내는 말일 때는 관계부사 where를 쓴다.

This is the hospital **and** I was born **in** this hospital.
　　　　　　　　　　　　　　　　　　 = there
➡ This is the hospital **in which** I was born.
　　　　　　　　　　　(전치사＋관계대명사)
➡ This is the hospital **where** I was born. (관계부사)

「전치사＋관계대명사」는 관계부사로 바꿀 수 있다.

여기가 내가 태어난 병원이다.

선행사		관계부사	전치사＋관계대명사
장소	the place	where	in[at] which
시간	the time	when	on[at] which
이유	the reason	why	for which
방법	(the way)	how	in which

2 관계부사 when : 선행사가 시간을 나타내는 말일 때는 관계부사 when을 쓴다.

I remember the day. + I first met you **on** this day.
　　　　　　　　　　　　　　　　　　　　 = then
➡ I remember the day **on which** I first met you. (전치사＋관계대명사)
➡ I remember the day **when** I first met you. (관계부사)

나는 내가 너를 처음 만난 그 날을 기억한다.

3 관계부사 why : 선행사가 이유를 나타내는 말일 때는 관계부사 why를 쓴다.

I don't know the reason. + She left me **for** this reason.

➡ I don't know the reason **for which** she left me.
➡ I don't know the reason (**why**) she left me.
　　　　　　　　　　　　　 why 생략 가능

나는 그녀가 나를 떠난 이유를 모르겠다.

4 관계부사 how : 선행사가 the way일 때는 선행사와 관계부사 how 중 하나만 쓴다.

This is the way. + She did it **in** this way.
➡ This is **the way in which** she did it. 이것이 그녀가 그것을 한 방법이다.
➡ This is **how** she did it.
➡ This is **the way** she did it.
　　This is **the way how** she did it. (×)

✱ 관계대명사와 관계부사의 차이점
1. This is the city **which** I visited ■ ten years ago.
　: visited의 목적어가 빠져 있고, 관계대명사절은 불완전한 문장
2. This is the city **where** I went ten years ago.
　: 주어, 목적어 등의 주요 문장 성분 중 빠진 것이 없고, 관계부사절은 완전한 문장

▶Check
밑줄 친 부분을 한 단어로 바꿔 쓰시오.
1. The town in which I was born is very small.
2. Is there any shop in which I can buy some postcards?

▶Check
괄호 안에서 알맞은 것을 고르시오.
3. I'll never forget the day (where, when) you started to walk.

Grammar+
관계부사인 when, where, why의 선행사가 일반적인 것, 즉 the time, the place, the reason일 때는 관계부사와 선행사 중 하나는 생략이 가능하다.

▶Check
밑줄 친 부분을 해석하시오.
4. Tell me the reason why she is not talking to me.
5. The reason why he left his hometown is not known.

▶Check
괄호 안에서 알맞은 것을 고르시오.
6. Nobody knows the reason (how, why) she refuses to eat.
7. Can you show me (the way, which) you made this robot?

정답 | 1. where 2. where 3. when 4. 그녀가 나에게 말을 하지 않는 이유를 5. 그가 고향을 떠난 이유는 6. why 7. the way

Practice Test

A 다음 문장의 괄호 안에서 알맞은 말을 고르시오.

1. The hotel (what, where) they're staying is very expensive.
2. Tell me (which, how) you escaped from the burning car.
3. There must be a reason (why, how) she's not here yet.
4. Don't forget the (way, day) when we stood against Japan.

A escape [iskéip] 탈출하다
stand against ~에 대항하다

B 주어진 상자에서 다음 빈칸에 알맞은 말을 골라 쓰시오.

| the place | the time | the way | the reason |

1. Tell me _____ you solved this problem.
2. I remember _____ when you broke your arm.
3. Nobody knows _____ why she quit her job.
4. This is _____ where the queen used to stay in summer.

B quit [kwit] 그만두다
used to ~하곤 했다

C 다음 문장에서 어법상 어색한 부분을 고치시오.

1. Tom knows the way how computers work.
2. This is the river in where Tom goes fishing on Sundays.
3. Monday is the day when he has to go to school on.

C-1 다음 문장에서 어법상 어색한 부분을 고치시오.

This is the reason which he feels upset on Sunday nights.

C go fishing 낚시하러 가다

D 다음 우리말과 같도록 주어진 단어들을 바르게 배열하시오.

1. 내가 놀던 놀이터는 그 강 근처에 있었다.

(I, play, used to, the playground, where)

➡ _____ was near the river.

2. 6월 25일은 한국 전쟁이 터졌던 날이다.

(broke, the Korean War, out, the day, when)

➡ June 25th is _____.

D break out
(전쟁 · 화재가) 발생하다

25 복합 관계사

• 복합 관계사는 「관계사+-ever」의 형태로 자체에 선행사를 포함하는 말이다.
'~든지'와 '~하더라도'의 두 가지 뜻으로 쓰인다.

whoever	~하는 누구든지	누가 ~하든지
whatever	~하는 것은 무엇이든지	무엇을 ~하든지
whenever	~할 때는 언제든지	언제 ~하든지
wherever	~하는 어디든지	어디서 ~하든지
however+형용사[부사]		아무리 ~하더라도

1 whoever : ~하는 누구든지 / 누가 ~하든지 (주격)
whomever : ~하는 누구든지를 / 누구를 ~하든지 (목적격)

Give it to **whoever** wants it. (= anyone who wants it)
　　　　복합 관계대명사　동사　목적어　그것을 원하는 누구에게든지

Invite **whomever** you like. (= anyone whom you like)
　　　　네가 좋아하는 누구든지

Whoever rings, tell him I'm out. (= No matter who rings)

누가 전화하든 상관없이

▶Check
괄호 안에서 알맞은 것을 고르시오.
1. (Whoever, Whenever) they are,
I don't want to see them.

2 whatever : ~하는 것은 무엇이든지 / 무엇을 ~하든지 (상관없이)

Do **whatever** you like. (= Do anything that you like.) 네가 좋아하는 것은 무엇이든지
　　복합 관계대명사 주어　동사

Whatever we may say, she won't change her mind. 우리가 뭐라고 말하든지
(= No matter what we may say)

▶Check
밑줄 친 부분을 해석하시오.
2. I will give you whatever you
need.
3. Whatever you do, do it well.

3 whenever : ~할 때는 언제든지 / 언제 ~하든지

Call me **whenever** you need me. 네가 나를 필요로 할 때는 언제든지
　　　복합 관계부사　주어　동사
(= at any time when you need me)

You will always be welcome **whenever** you come. 네가 언제 오든지
　　　　　　　　　　(= no matter when you come)

▶Check
괄호 안에서 알맞은 것을 고르시오.
4. I'll be there for you (whenever,
whatever) you need me.

4 however+형용사[부사]+주어+동사 : 아무리 ~하더라도 (= no matter how)

However *tired* she is, she always smiles.
(= No matter how tired she is) 그녀가 아무리 피곤하더라도

However *fast* we drive, we're not going to get there in time.
(= No matter how fast we drive) 우리가 아무리 빨리 운전하더라도

However *hard* you do it, the effect will be the same.
(= No matter how hard you do it) 네가 아무리 열심히 그것을 하더라도

▶Check
밑줄 친 부분을 해석하시오.
5. She'll buy it, however much it
costs.
6. You should read books
however busy you might be.

정답 | 1. Whoever 2. 네가 필요로 하는 건 무엇이든지 3. 네가 무엇을 하든지
4. whenever 5. 그것이 아무리 비싸다 하더라도 6. 네가 아무리 바쁘더라도

A 다음 두 문장의 뜻이 같도록 빈칸에 알맞은 말을 쓰시오.

1. On holidays, we can get up at any time we want to.
   = On holidays, we can get up _____ we want to.

2. No matter what they call me, I don't care.
   = _____ they call me, I don't care.

B 주어진 상자에서 다음 빈칸에 알맞은 말을 골라 쓰시오. (중복 가능)

whoever	whatever	whenever	however

1. Keep calm _____ happens.
2. She leaves her bedroom window open, _____ cold it is.
3. I'll take _____ wants to go with me.
4. _____ wins this game will be the champion.
5. I got a thrill _____ I saw a circus.

C 다음 중 서로 관련 있는 것끼리 연결하시오.

1. I want to talk with them · · ① you must eat slowly.
2. However hungry you may be, · · ② whoever they are.
3. Whatever I do, · · ③ I do it for you.
4. Whenever I find myself in trouble, · · ④ I ask my parents for help.

D 다음 우리말과 같도록 주어진 단어들을 바르게 배열하시오.

1. 네가 아무리 열심히 노력해도, 너는 그 보고서를 오늘 끝낼 수 없다.
   (you, however, may, hard, try)
   ➡ _____, you cannot finish the report today.

2. 그 웹 사이트를 방문하는 사람은 누구든지 그 음악을 무료로 내려 받을 수 있다.
   (the website, visits, whoever)
   ➡ _____ can download the music for free.

A-1 두 문장의 뜻이 같도록 빈칸에 알맞은 말을 쓰시오.

No matter how fast he ran, he couldn't catch up with the thief.

= _____, he couldn't catch up with the thief.

A catch up with ~를 따라 잡다
thief [θiːf] 도둑

B calm [kɑːm] 침착한
champion [tʃǽmpiən] 우승자, 챔피언
thrill [θril] 전율

C in trouble 곤란한 상황에 처한
ask ~ for help
~에게 도움을 요청하다

D for free 무료로

Review Test

[01~03] 다음 빈칸에 알맞은 것을 고르시오.

01
> People _____ eat with their hands are mostly Indians, Arabs and Africans.

① who   ② which   ③ whose
④ whom   ⑤ what

02
> It doesn't matter why you did that. Show me _____ you did that.

① what   ② who   ③ why
④ how   ⑤ when

03
> _____ seems to be most important is encouragement.

① When   ② Which   ③ Where
④ What   ⑤ Why

04 다음 밑줄 친 부분 중 어법상 어색한 것은?

① She lives in a house <u>which</u> is 50 years old.
② Mike has a girlfriend <u>whom</u> is older than he.
③ I have a friend <u>who</u> is good at repairing cars.
④ She knows somebody <u>who</u> works in the hospital.
⑤ He always wears clothes <u>which</u> are too big for him.

05 다음 밑줄 친 부분의 쓰임이 나머지와 다른 하나는?

① Can you understand <u>what</u> I am trying to say?
② He doesn't know <u>what</u> my name is.
③ I'll give you <u>what</u> I have.
④ That is <u>what</u> I want to buy.
⑤ <u>What</u> he said disappointed me.

[06~07] 다음 빈칸에 알맞은 관계사를 쓰시오.

06
> There are few places for parking downtown, _____ is really a problem.

07
> You haven't told me the reason _____ you were late this morning.

08 다음 빈칸에 알맞은 말이 바르게 짝지어진 것은?

> • Friday is the day _____ I am busy.
> • This is the place _____ the accident happened.

① when – where   ② what – where
③ which – how   ④ that – when
⑤ who – what

09 다음 두 문장을 관계부사를 이용하여 한 문장으로 고쳐 쓰시오.

> I didn't like the way.
> He treated me in this way.

➡ _____

[10~11] 다음 우리말과 같도록 빈칸에 알맞은 말을 쓰시오.

10
네가 무슨 일을 하든지, 내 충고를 잊지 마라.
➡ _____ you do, don't forget my advice.

11
나에게는 형이 제빵사인 친구가 한 명 있다.
➡ I have a friend _____.

[12~13] 다음 문장에서 어법상 <u>어색한</u> 부분을 고치시오.

12
Is this the house where he stayed in all last summer?

13
It is a special building from that scientists watch the moon, stars, the weather, etc.

14 다음 빈칸에 공통으로 알맞은 단어를 쓰시오.

- His new car, for _____ he paid $45,000, has already had to be repaired.
- Violent films in _____ many people are hurt or killed shouldn't be shown.

[15~16] 다음 글을 읽고, 물음에 답하시오.

What do you picture in your mind when you hear the word 'inventor'? (①) An old man or woman with thick glasses? (②) Inventors are common people like you <u>that</u> have ideas and talent. (③) Read some stories about creative inventors and learn how they worked on their solutions. (④) Just go for it! (⑤)　　[교과서 지문]

15 위 글의 ①~⑤ 중 다음 문장이 들어가기에 알맞은 곳은?

But inventors take their creative ideas and turn them into reality.

16 위 글의 밑줄 친 that과 쓰임이 같은 것은?

① That is my favorite singer.
② Is that tower the tallest one in the world?
③ I don't think that he is smarter than you.
④ Do you believe that I can do the work?
⑤ He is the man that can fix everything.

17 다음 글의 빈칸에 알맞은 것은?

> I have a sister. She is cute and nice. But there is one thing _____ upsets me. She likes to wear my clothes! [교과서 지문]

① what ② that ③ who
④ whose ⑤ whom

18 다음 두 문장을 한 문장으로 만들 때 빈칸에 알맞은 것은?

> • I remember the day.
> • Sora and I met on the day for the first time.
> ➡ I remember the day _____ Sora and I met for the first time.

① what ② which ③ that
④ where ⑤ when

[19~20] 다음 글을 읽고, 물음에 답하시오.

> Descartes watched the fly on the ceiling. It landed on one place. He checked the spot. It was _____ⓐ the two lines met: the second one from the left and the fifth one from the bottom. He wrote down (2, 5). The fly flew and landed again. He checked the two crossing lines again and wrote down (6, 4). In this way, he kept ⓑ (record) where the fly landed each time. [교과서 지문]

19 위 글의 빈칸 ⓐ에 알맞은 것은?

① who ② when ③ why
④ where ⑤ which

20 위 글의 괄호 ⓑ에 주어진 단어를 알맞은 형태로 쓰시오.

21 다음 우리말과 같도록 〈보기〉의 단어를 이용하여 문장을 완성하시오. [10점]

> 보기
> whatever, however, wherever, whenever

(1) 네가 어디를 가든, 나는 너를 따라 갈 거야.
_____, I'll follow you.

(2) 아무리 열심히 공부해도, 나는 좋은 성적을 받을 수가 없어.
_____, I can't get good grades.

(3) 네가 무슨 말을 해도 나는 너를 믿지 않아.
_____, I don't believe you.

(4) 나는 외출할 때는 언제나 우산을 가져간다.
_____, I take my umbrella.

(5) 아무리 추워도 나는 목도리를 하지 않아.
_____, I never wear a muffler.

22 다음 글을 읽고, 괄호 안의 단어를 바르게 배열하시오. [6점]

> Jack and his friends are going to have a meeting. Jack knows (1) (are supposed, the meeting, to have, the day, they, when), but doesn't know where they are supposed to meet. He thinks his friend Diana knows (2) (where, will, the meeting, they, the place, have). Diana does know the place, but she doesn't know (3) (are going, the meeting, the reason, they, to have, why).

(1) _____
(2) _____
(3) _____

Chapter

비교 구문

비교급 비교 구문

Tom은 키가 더 크다.
누구보다? Alex 보다

Tom is taller than Alex.

원급 비교 구문

Tom은 똑같이 키가 크다.
누구와 똑같이? Cathy와 똑같이

Tom is as tall as Cathy.

최상급 비교 구문

Tom은 키가 가장 크다.
가장? 어디에서? 이 마을에서

Tom is the tallest in this town.

Tom이 이 마을 남자들 중에서 가장 크다고?
비교급으로도 Tom이 가장 크다고 말해 볼까?

Tom is taller than any other man in this town.

야~! 멋지다.
하~ 별거 아니지. *^^*
원급으로도 Tom이 가장 크다고 말할 수 있어.

No man in this town is as tall as Tom.

Unit 26 기본적인 비교 구문

• 비교에는 비교급을 이용한 비교, 원급을 이용한 비교, 최상급을 이용한 비교가 있다.

3가지 비교 구문

●와 ●의 크기	●와 ●의 크기	●의 크기
●이 더 크다 ↓ 비교급 ●<●	같다 ↓ 원급 ●=●	세 개 이상에서 최고 ↓ 최상급

1 비교급 · 최상급의 형태

주의할 규칙 변화	• wise–wiser–wisest • thin–thinner–thinnest • early–earlier–earliest • useful–more useful–most useful • famous–more famous–most famous • interesting–more interesting–most interesting
불규칙 변화	• good[well]–better–best • bad[ill]–worse–worst • many[much]–more–most • little–less–least • late (시간상 늦은)–later(더 늦은)–latest(최근의) • late (순서상 늦은)–latter(후반의)–last (마지막의)

Grammar+

1. 「단모음+단자음」으로 끝나는 단어는 자음을 하나 더 붙인다.
   big–bigger–biggest
2. 보통 -ful, -ive, -ous, -ing으로 끝나는 2음절 단어나 3음절 이상의 단어에는 more, most를 붙인다.

2 비교급을 이용한 비교 : 비교급+than (~보다 더 …한)

● I worked **harder than** she did. 나는 그녀보다 더 열심히 일했다.
His report is **better than** mine. 그의 보고서가 내 것보다 더 낫다.

● He has **more free** time **than I.** (공식적인 표현에서는 주격)
He has **more free** time **than me.** (일상적 표현에서는 목적격)

● 비교는 비교 대상이 같거나 같은 종류여야 한다.
This house is **larger than** me. (×)
➡ This house is **larger than** mine [my house]. (○)
'이 집'과 '나'를 비교하는 것이 아니라, '이 집'과 '나의 집'을 비교함

▶ **Check**
밑줄 친 부분을 바르게 고치시오.
1. She can speak English <u>well</u> than me.
2. My pencil is longer than <u>you</u>.

Grammar+
less+형용사[부사]의 원급+than ~
: ~보다 덜 …한
Silver is **less** expensive **than** gold.
은은 금보다 덜 비싸다.

3 원급을 이용한 비교 : as+형용사[부사]의 원급+as (~만큼 …한)

● Meg runs **as fast as** I do. Meg는 나만큼 빠르게 달린다.

● She does **not get up as[so] early as** her sister. 원급 비교의 부정
그녀는 그녀의 언니만큼 일찍 일어나지 않는다.

● as와 as 사이에 명사가 올 수 있으나, 명사 앞에는 형용사가 있어야 한다.
I have **as many books as** you. (as+형용사+명사+as)

▶ **Check**
괄호 안에서 알맞은 것을 고르시오.
3. This sweater is as (warm, warmer) as that one.

4 최상급을 이용한 비교 : the+최상급 (셋 이상의 것 중에서 가장 ~한)

● Is this **the latest** magazine? 이것은 최신판 잡지니?

● I ate **the biggest** hamburger in the restaurant. (the+최상급+in+장소)

● Ann is **the most intelligent** of all. (the+최상급+of+비교 대상)

▶ **Check**
괄호 안에서 알맞은 것을 고르시오.
4. He swims fastest (of, in) us all.

정답 | 1. better 2. yours 3. warm 4. of

Practice Test

A 다음 밑줄 친 부분을 바르게 고치시오.

1. LA is <u>much polluted</u> than Vancouver.
2. This is the <u>cheap</u> blouse in this shop.
3. Our house is less <u>moderner</u> than yours.
4. Mary's dress is more expensive than <u>Diana</u>.
5. Rafting is the most exciting <u>in</u> all the X-sports.*

A polluted [pəlúːtid] 오염된
blouse [blaus] 블라우스
modern [mádərn] 현대적인

*X-sports
(= Extreme Sports 극한 운동)
신체 부상이나 생명의 위험을 무릅쓰고 묘기를 펼치는 레저스포츠. 자전거 스턴트, 스케이트 보드, 인라인 스케이트, 맨발 수상스키, 번지점프, 스노보드, 트릭 스키 등이 있다.

B 표를 보고 다음 문장이 맞으면 T, 틀리면 F에 표시하시오.

1. Kelly is not as tall as Anna.　　　　T / F
2. Emi is the oldest of the four.　　　　T / F
3. Anna is not taller than Kelly.　　　　T / F
4. Anna and Kevin are as old as Kelly.　T / F

Name	Age	Height(cm)
Anna	14	162
Emi	15	161
Kevin	14	165
Kelly	12	160

C 다음 밑줄 친 부분 중 어법상 어색한 것을 고르시오.

1. Winter is ① <u>the latest</u> season ② <u>of the year</u>.
   It is ③ <u>cold and windy</u> ④ <u>in winter</u>.
2. I ① <u>have visited</u> ② <u>a lot of</u> famous places in Paris.
   The Eiffel Tower is ③ <u>the more famous</u> tower ④ <u>in</u> France.

D 다음 두 문장의 뜻이 같도록 빈칸에 알맞은 말을 쓰시오.

1. Jane is less diligent than Kate.
   = Kate is _____ diligent _____ Jane.
2. A plane is faster than a car.
   = A car is _____ as _____ as a plane.
3. Mina is taller than Sumi. Ann is shorter than Mina.
   = Mina is the _____ _____ the three girls.

D diligent [dílədʒənt] 부지런한

Unit 27 여러 가지 최상급 표현

1 비교급과 원급을 이용한 최상급 표현

- Jane is **wiser than any other** *girl* in my class.
  (다른 어떤 ~보다 더 …한)
  Jane은 우리 교실의 다른 어떤 소녀보다 더 똑똑하다.

  = **No** girl in my class is **wiser than** Jane.
  (누구도 ~보다 더 …하지 않은)

  = **No** girl in my class is **as[so] wise as** Jane.
  (누구도 ~만큼 …하지 않은)

  = Jane is **the wisest** girl in my class. (가장 ~한)

- Diamonds are **harder than any other** *natural stone*.
  다이아몬드는 다른 어떤 자연석보다 더 단단하다.

  = **No other** natural stone is **harder than** diamonds.

  = **No other** natural stone is **as hard as** diamonds.

  = Diamonds are **the hardest** natural stone.

최상급 이용	the + 최상급 + of + 비교 대상(복수)
	the + 최상급 + in + 장소
비교급 이용	비교급 + than any other + 단수명사
	no (other) + 단수명사 + 비교급 + than ~
원급 이용	no (other) + 단수명사 + as[so] + 원급 + as ~

▶Check
괄호 안에서 알맞은 것을 고르시오.
1. Tom is taller than any other (boy, boys) in his class.
2. Nothing is as (precious, more precious) as time.
3. Jim is (as smart as, smarter than) any other student in the class.
4. Love is the (more, most) important thing of all.

2 one of the + 최상급 + 복수명사 : 가장 ~한 … 중에서 하나

- This is **one of the most popular** *movies* this month.
  You're **one of the nicest** *people* I know.
  It was **one of the funniest** *parts* in this book!
  She is **one of the tallest** *teachers* in our school.

- 「one of the + 최상급 + 복수명사」가 주어로 쓰일 때는 단수 취급한다.
  One of the greatest scientists **was** Einstein.

▶Check
어법상 어색한 부분을 고치시오.
5. This is one of the oldest book in the world.
6. One of the biggest cities in the world are Seoul.

Grammar+
최상의 의미를 나타내는 표현으로, 구어체에서 빈번하게 사용한다.
This is the most beautiful sight I've ever seen. 이것은 내가 본 것 중에서 가장 아름다운 광경이다.
= I've never seen such a beautiful sight before. 나는 전에 이렇게 아름다운 광경을 본 적이 없다.

3 the + 최상급 + 명사 + (that) + 주어 + have ever + 과거분사 :
지금까지 ~한 것 중에서 가장 …한

This is **the most beautiful** *picture* **that I have ever seen**.
이것은 내가 지금까지 본 것 중에서 가장 아름다운 그림이다.

This is **the most interesting** *book* **(that) I have ever read**.
이것은 내가 읽은 것 중에서 가장 흥미로운 책이다.

It was **the worst** *mistake* **I've ever made**. 그것은 내가 한 것 중에서 최악의 실수였다.

▶Check
밑줄 친 부분을 바르게 고치시오.
7. John is the funniest person I <u>meet</u>.
8. What's the <u>good</u> opera you've ever seen?

A 다음 문장의 괄호 안에서 알맞은 것을 고르시오.

1. *Hamlet* is one of the most well-known (play, plays).
2. That is (fast, the fastest) train I've ever been on.
3. One of the most popular sports (is, are) soccer.
4. Mt. Everest is (higher, the highest) mountain in the world. It is (higher, the highest) than any other mountain.

A well-known 잘 알려진

B 다음 두 문장의 뜻이 같도록 빈칸에 알맞은 말을 쓰시오.

1. I've never used such a good electronic dictionary before.
   = This is the _____ electronic dictionary I've ever used.
2. No other boy in his class is as smart as Mike.
   = Mike is _____ than any other boy in his class.

B electronic [ilèktránik] 전자의
smart [smɑːrt] 똑똑한

C 다음 밑줄 친 부분 중 어법상 어색한 것은?

Today ① surfing is a popular sport at beaches all over the world. From California to Australia, you can find surfers ② riding waves. One of the most important surfing ③ area in the world ④ is Hawaii.

C surf [səːrf] 파도타기를 하다
wave [weiv] 파도
area [έəriə] 지역

D 다음 대화의 빈칸에 알맞은 말을 쓰시오.

1. A Look how he plays! Minsu is the best basketball player in our school.
   B You're right. He plays basketball _____ than _____ _____ player in our school.
2. A My computer doesn't work. What should I do?
   B Why don't you ask Jack to help you fix it? _____ one in this office knows _____ about computers than him.

D work [wəːrk] (기계 등이) 작동하다

Unit 28 주의할 비교 구문

| as+원급+as possible = as+원급+as+주어+can[could] |
| 가능한 한 ~한[하게] |
| 비교급+and+비교급 / more and more+원급 |
| 점점 더 ~한[하게] |
| the+비교급 ~, the+비교급 … ⇨ ~하면 할수록 더 …한[하게] |
| 배수사(twice …)+as+원급+as ⇨ ~보다 -배 더 …한 |

1 비교급 강조 : a little(약간), even, much, still, far, a lot (훨씬)

I feel **a little** *better*. 나는 기분이 좀 더 낫다.

It is **much** *warmer* today than yesterday.
어제보다 오늘이 훨씬 더 따뜻하다.

cf. This hose is **very** *short*. (원급 강조)

This hose is **a lot** *shorter* than that one. (비교급 강조)

2 as+원급+as possible : 가능한 한 ~한[하게]

= 현재[미래]+as+원급+as+주어+can / 과거+as+원급+as+주어+could

● I will be back **as soon as possible**. 가능한 한 빨리
= I *will be* back **as soon as I can**.

● As a judge, he tries to be **as fair as possible**. 가능한 한 공정한
= As a judge, he *tries* to be **as fair as he can**.

● He ran away **as fast as possible**. 가능한 한 빠르게
= He *ran* away **as fast as he could**.

3 비교급+and+비교급 / more and more+원급 : 점점 더 ~한[하게]

짧은 음절은 「-er and -er」로, 긴 음절은 「more and more+원급」으로 표현한다.

It is getting **harder and harder** to find a job. (hard의 비교급)

More and more people are enjoying golf. (many의 비교급)

The story became **more and more interesting**.

✻ 이 구문은 get, become 등의 동사와 함께 사용되는 경우가 많다.

4 the+비교급 ~, the+비교급 … : ~하면 할수록 더 …한[하게]

The older I get, **the happier** I am. 나이가 들어 갈수록 나는 더욱 행복하다.

The sooner, the better. 빠르면 빠를수록 더욱 좋다.

5 배수사+as+원급+as : ~보다 - 배 더 …한
half, twice, three times 등

This house is **twice as large as** that one.

= That house is **half as large as** this one.

▶**Check**
괄호 안에서 알맞은 것을 고르시오.
1. The situation was (very, even) worse than I thought.
2. He is (very, much) young. He is (very, far) younger than I.

▶**Check**
두 문장의 뜻이 같도록 빈칸에 알맞은 말을 쓰시오.
3. The doctor came as quickly as possible. = The doctor came as quickly as _____ _____.

▶**Check**
빈칸에 알맞은 말을 쓰시오.
4. It is getting colder _____ colder.
5. It's becoming _____ and _____ important to speak English.

Grammar+
배수사+as+형용사의 원급+명사+as
He has **twice as many books as** I have. (그는 내가 가진 것의 2배나 되는 많은 책을 가지고 있다.)

▶**Check**
밑줄 친 부분을 바르게 고치시오.
6. You travel the more, the more you learn about other cultures.
7. This hospital is <u>as five times big as</u> that one.

정답 | 1. even   2. very, far   3. he[she] could   4. and   5. more, more
6. The more you travel   7. five times as big as

정답과 해설 p. 17

A 다음 대화의 빈칸에 알맞은 말을 쓰시오.

1. **A** What time should we go there?
   B As soon as _____ . (가능한 한 빨리.)
2. **A** What size dress do you want?
   B The bigger, the _____ . (크면 클수록 더 좋다.)
3. **A** How is your mother?
   B Her illness is _____ more serious than we first thought.
   (그녀의 병은 우리가 처음에 생각했던 것보다 훨씬 더 심각해.)

A serious [síəriəs] 심각한

B 다음 문장의 괄호 안에서 알맞은 것을 고르시오.

1. He wants (more and more, most and most) adventure and excitement.
2. **A** Come on, Helen, we'll be late if we don't hurry up.
   B I can't hurry up. I'm going as fast (I can, as possible).

B adventure [ædvéntʃər] 모험
excitement [iksáitmənt] 흥분

C 다음 밑줄 친 부분을 바르게 고치시오.

1. The highest you go up, the most you can see.
2. He shouted more loudly than possible.
3. Lakes and rivers are getting more polluted more polluted.

C-1 밑줄 친 부분을 바르게 고치시오.

1. She has twice CDs as many as I do.
2. The young you are, the easy it is to learn.

D 다음 우리말과 같도록 주어진 단어들을 바르게 배열하시오.

1. 오래 기다리면 기다릴수록 그는 점점 더 초조해졌다.
   (impatient, the, became, more, he)
   ⇒ The longer he waited, _____ .
2. Bill은 그가 버는 돈의 절반 만큼의 돈을 쓴다.
   (half, as, much, as, money)
   ⇒ Bill spends _____ he earns.

D impatient [impéiʃənt] 초조한
half [hæf] 절반
earn [ə:rn] 돈을 벌다

[01~02] 두 문장의 뜻이 같도록 빈칸에 알맞은 말을 쓰시오.

01
She speaks French better than him.
= He doesn't speak French as _____ as
her.

02
There's nothing I like more than swimming.
= I like swimming more than _____
_____ sport.

03 다음 중 나머지와 뜻이 <u>다른</u> 하나는?

① Nothing is as important as health.
② Nothing is more important than health.
③ Nothing is so important as health.
④ Health is the most important thing.
⑤ Health is not more important than any
other thing.

04 다음 우리말과 같도록 빈칸에 알맞은 말을 쓰시오.

사람들은 많이 가지면 가질수록 더 많이 갖고 싶어 한다.
➡ _____ _____ people have,
_____ _____ they want.

05 다음 중 어법상 <u>어색한</u> 것은?

① Jinsu is as smart as his brother.
② You speak English far better than me.
③ No boy in the class is taller than me.
④ Much and more people visit Korea every
year.
⑤ He is stronger than any other boy in my
class.

[06~08] 다음 빈칸에 알맞은 것을 고르시오.

06
This is the _____ attractive house in
our town.

① more ② much ③ most
④ far ⑤ even

07
Cathy's coat is more fashionable _____
Jane's.

① from ② in ③ of ④ than ⑤ as

08
Tom's motorcycle was _____ expensive
than Kevin's.

① less ② little ③ very
④ least ⑤ latest

09 다음 중 짝지어진 대화가 <u>어색한</u> 것은?

① A What is the most important thing in your
life?
B To me, love is more important than any
other thing.
② A I'm sorry I didn't come on time.
B Please come earlier next time.
③ A How's John feeling these days?
B He's feeling worse.
④ A I think your ideas are much better than
mine.
B That's not fair.
⑤ A Do you think that this is too long?
B No. The longer, the better.

10 다음 괄호 안에서 알맞은 것을 고르시오.

(1) I just caught the (latest, last) bus.

(2) I was late for the movie, so I could only see the (later, latter) part of it.

11 다음 빈칸에 알맞은 말을 모두 고르면?

> He eats too much every night. These days he is _____ fatter and fatter.

① taking   ② becoming   ③ thinking
④ getting   ⑤ keeping

12 다음 중 짝지어진 두 문장의 뜻이 다른 것은?

① I have two books. You have four.
  = You have twice as many books as I have.
② Tom is taller than Jane.
  = Jane is shorter than Tom.
③ Tim is older than Jack.
  = Tim is not as old as Jack.
④ As we go up higher, it gets colder.
  = The higher we go up, the colder it gets.
⑤ He cooks better than anyone else.
  = He cooks best of all.

고난도

13 다음 밑줄 친 우리말을 영어로 옮길 때, 괄호 안의 말을 알맞은 형태로 고쳐 쓰시오.

> The sea can be very cold. Divers who dive deep know this. At the surface the water may be warm. 잠수부가 점점 더 깊이 감에 따라 바다는 점점 더 차가워진다.

➡ As the diver goes (deep), the sea becomes (cold).

14 다음 상황에 맞도록 빈칸에 알맞은 말을 쓰시오.

> (Your school begins at 8:40. It is 8:20 and you are leaving home now.)
> A I'll be late for school.
> B Run _____ fast _____ you _____ so you won't be late.

고난도

15 다음 문장에서 어법상 어색한 것은?

> You will ① find that taxi ② fares in Busan are ③ as ④ high as ⑤ Seoul.

16 다음 빈칸에 알맞은 말을 쓰시오.

> The baseball cap costs $30 and the basketball costs $60. The basketball costs _____ as much as the baseball cap.

Review Test

[17~18] 다음 글을 읽고, 물음에 답하시오.

Mistakes have always been in the movies. Thanks to technology, however, people can watch the same scene repeatedly and find more mistakes. Besides, the Internet makes it ⓐ (easy) to share what they find with others online. As a result, finding mistakes in movies has become very ⓑ (hard, popular) these days.

[교과서 지문]

17 위 글의 괄호 ⓐ에 주어진 단어의 비교급을 쓰시오.

18 위 글의 내용상 괄호 ⓑ에서 알맞은 것을 고르시오.

[19~20] 다음 글을 읽고, 물음에 답하시오.

An object in a high place has "potential energy." 물체가 더 높이 올라갈수록 그것은 더 많은 위치에너지를 갖게 된다. Through falling, potential energy turns into "kinetic energy." A moving object has kinetic energy. The faster an object moves, the more kinetic energy it has.

[교과서 지문]

19 위 글의 밑줄 친 우리말과 같도록 high와 much를 이용해 빈칸에 알맞은 말을 쓰시오.

_____ _____ an object goes, _____ _____ potential energy it has.

20 다음 중 위 글에서 언급되지 않은 것은?

① 높은 곳에 있는 물체에는 위치에너지가 있다.
② 놀이 기구는 낙하에너지로 달린다.
③ 위치에너지는 낙하하면서 운동에너지로 바뀐다.
④ 움직이는 물체에는 운동에너지가 있다.
⑤ 물체가 빨리 움직일수록 더 많은 운동에너지를 가진다.

21 다음 그림을 보고, 괄호 안의 표현을 이용하여 문장을 완성하시오. [8점]

Jack Kevin Kelly Chris Sue

(1) No player is _____ Jack. (than)
(2) No player is _____ Jack. (as)
(3) Jack is _____. (any other)
(4) Jack is _____. (of the five)

22 다음은 아래 학생들이 활동별로 하루에 보내는 시간이다. 질문에 답하시오. [6점]

	Mike	Bill	Ann	Tom
study	10	12	5	10
computer games	2	1	3	1
reading books	3	2	1	2

(1) Who studies the longest each day? (비교급 이용)
➡ Bill studies longer than any other student.
(2) Who spends the most time playing computer games? (No one과 비교급 이용)
➡ _____
(3) Who spends more time reading books than Bill?
➡ _____
(4) On what does Tom spend less time than reading books?
➡ _____

Chapter 11

접속사

접속사는 단어와 단어를 연결하고, 구와 구를 연결하기도 하고, 절과 절을 연결하기도 하지.

단어 — 단어	I like apples and grapes.
구 — 구	I go there by bus or on foot.
절 — 절	I'll go there if I'm free.

또, 등위접속사라는 것이 있는데, 앞말과 뒷말이 서로 평등한 관계라는 거야.

I said yes   and   he said no.

종속접속사절은 주절의 일부로 속해 있는 절이야.

You can call me   if   you want to.

짝을 이루는 접속사도 있어. 애네들은 짝을 잘 찾아 주어야 진정한 짝꿍이 될 수 있는데, 서로 관계가 깊어서 상관접속사라고 하지.

either — or   neither — nor
not only — but also

Unit 29

때를 나타내는 접속사

- 때를 나타내는 접속사에는 as, since, while, as soon as 등이 있지만, 하나의 접속사가 두 가지 이상의 의미로 쓰일 수 있다.

접속사	때를 나타낼 때	다른 의미로 쓰일 때
as	~할 때, ~한 순간에	~이기 때문에, ~이듯이
since	~한 이후로 (계속)	~이기 때문에
while	~하는 동안	~하는 반면에

1 as : '~할 때', '~함에 따라' 라는 뜻으로, 두 가지 일·동작이 동시에 일어날 때 쓴다.

He held the rope tight **as he fell**. 그는 떨어졌을 때

As the days went on, the rumor was forgotten. 날이 감에 따라 소문은 잊혀졌다.

✻ 접속사 as는 이유를 나타내기도 한다. (~ 때문에)
  As she lives near us, we see her often. (그녀는 우리와 가까이 살기 때문에 자주 본다.)

▶**Check**
우리말에 맞게 as[As]가 들어갈 알맞은 위치를 고르시오.
1. 내가 저녁을 먹고 있을 때 그가 나타났다.
   (①) He came up (②) I was (③) eating dinner.
2. Tom은 벽에 페인트를 칠하면서 노래를 불렀다.
   (①) Tom (②) sang a song (③) he (④) painted the wall.

2 since : '~한 이후로' 라는 뜻으로, 어느 한 시점에서 시작된 일이 지속됨을 나타낸다.

보통 since 절에서는 과거 시제, 주절에서는 현재완료 시제를 쓴다.

I'*ve been* busy **since** I *came* back from holiday.
  계속 바빴다 (현재완료)   휴가에서 돌아온 이후로 (과거)
He *has worked* in the company **since** he *left* school.
  계속 일하고 있다 (현재완료)   학교를 떠난 이후로 (과거)

✻ 접속사 since는 이유를 나타내기도 한다. (~ 때문에)
  Since we have no school today, we can go on a picnic. (오늘 수업이 없어서 우리는 소풍을 갈 수 있다.)

▶**Check**
괄호 안에서 알맞은 것을 고르시오.
3. I haven't seen him since he (leaves, left).
4. We've been friends since we (are, were) very young.

3 while : '~하고 있는 동안' 이라는 뜻으로, 두 가지 일이 동시에 일어날 때 쓴다.

Mom was cooking **while** I was having a shower. 내가 샤워를 하는 동안

I watched TV **while** you were drying your hair. 네가 머리를 말리는 동안

✻ 접속사 while은 대조를 이루는 두 가지 일을 나타낼 때도 쓴다. (~하는 반면에)
  While I like classical music, my husband likes rock music. (내가 고전 음악을 좋아하는 반면, 남편은 록 음악을 좋아한다.)

▶**Check**
괄호 안에서 알맞은 것을 고르시오.
5. I was listening to music (while, since) I was driving to work.
6. They talked among themselves (while, since) they waited in the hall.

4 as soon as : '~ 하자마자 (곧)' 이라는 의미이다.

As soon as I saw her, I knew there was something wrong.
  나는 그녀를 보자마자

He went home **as soon as** he got the phone call. 그는 전화를 받자마자

✻ 때[시간]를 나타내는 부사절에서는 그 의미가 미래일지라도 현재형을 쓴다.
  As soon as she comes, we'll start. (그녀가 오자마자 우리는 시작할 것이다.)
  I'll wait until Bill arrives here. (나는 Bill이 여기에 도착할 때까지 기다릴 것이다.)

▶**Check**
밑줄 친 부분을 해석하시오.
7. My dog started to bark as soon as he heard my voice.

정답 | 1. ② 2. ③ 3. left 4. were 5. while 6. while
7. 그가 내 목소리를 듣자마자

정답과 해설 p. 18

A 다음 괄호 안에서 알맞은 것을 고르시오.

1. Did you call me (since, while) I was away?
2. I've been very happy (since, while) I started my new job.
3. Please ask him to call me (since, as soon as) he gets back.

A-1 다음 괄호 안에서 알맞은 것을 고르시오.

(As, While) the years went by, she became more cheerful.

B 다음 빈칸에 알맞은 말을 주어진 상자에서 골라 쓰시오.

as	since	while	as soon as

1. _____ I was waiting for her, I had coffee.
2. She has been shy _____ she was a child.
3. _____ he grew up, he became taller.
4. _____ she got out of bed, the telephone stopped ringing.

B wait for ~을 기다리다
ring [riŋ] (종이) 울리다

C 다음 빈칸에 알맞은 것을 고르시오.

1. Where is she going to stay as soon as she _____ ?

① arrive　　② arrives　　③ arrived　　④ will arrive

2. The boy has never been happy since his mother _____ him.

① leave　　② left　　③ has left　　④ had left

D 다음 우리말과 같도록 빈칸에 알맞은 말을 쓰시오.

1. 집에 도착하자마자 나에게 전화해라.
   ➡ Call me _____ _____ _____ you _____ _____ .
2. 우리는 2001년에 이 집이 지어진 이후로 계속 여기서 살고 있다.
   ➡ We _____ _____ in this house _____ it was built in 2001.

D arrive [əráiv] 도착하다

Unit 30

조건, 양보, 대조의 접속사
짝을 이루는 접속사

if 만약 ~한다면 **unless** 만약 ~하지 않으면	**either** *A* **or** *B* A든 B든 둘 중 하나
while 반면에	**neither** *A* **nor** *B* A와 B 둘 다 아닌
though, although, even though, even if 비록 ~할지라도	**not only** *A* **but also** *B* = *B* **as well as** *A* A뿐만 아니라 B도

1 조건을 나타내는 if : 만약 ~한다면
조건을 나타내는 unless : 만약 ~하지 않으면 (= if ~ not)

You will get wet **if** you *go* out now.
너는 젖게 될 것이다 (미래)　지금 나가면 (의미는 미래이지만, 현재형을 쓴다.)
← 부사절 ← 조건을 나타내는 부사절에서는 미래의 의미라도 현재형을 써야 한다.

Unless it *rains* tomorrow, we'll go on a picnic. 내일 비가 오지 않는다면
= **If** it **doesn't** rain tomorrow, we'll go on a picnic.

▶**Check**
괄호 안에서 알맞은 것을 고르시오.
1. You will get it if you really (want, will want) it.
2. If you (change, will change) your mind, tell me.
3. (If, Unless) you practice, you cannot learn to speak English.

2 양보를 나타내는 (al)though, even though : 비록 ~할지라도

예기치 못한 결과가 이어질 때 사용한다. 여기서의 **even**은 강조의 의미이고, 일상 영어에서는 **though**가 많이 쓰인다.

Though he lied to me, I can forgive him.
비록 그가 내게 거짓말을 했지만 (양보절)
Even though she has lots of money, she isn't happy.
비록 그녀가 돈이 많을지라도 (양보절)

▶**Check**
밑줄 친 부분을 해석하시오.
4. Even though it rained a lot, we enjoyed our holiday.
5. Though they were tired, they kept walking.

3 대조를 나타내는 while : ~하는 반면에

앞뒤 문장의 관계가 대조를 이룰 때 쓰는 접속사이다.

Tom is very outgoing **while** Cathy is very shy.
Tom은 아주 활발하다.　반면에　Cathy는 아주 수줍음이 많다.

▶**Check**
괄호 안에서 알맞은 것을 고르시오.
6. I drink black coffee (since, while) David prefers it with cream.

4 either *A* or *B* : A든 B든 둘 중 하나
neither *A* nor *B* : A와 B 둘 다 아닌

Tom is **either** very happy **or** very sad. Tom은 아주 기쁘거나 아니면 아주 슬프다.
Neither John **nor** his parents *are* home. John도 그의 부모님도 집에 없다.
neither A nor B가 문장의 주어로 쓰일 경우 동사는 B에 일치시킨다.

▶**Check**
괄호 안에서 알맞은 것을 고르시오.
7. Not only you but also she (are, is) invited to the party.
8. Neither he (or, nor) his brother is deaf.

5 not only *A* but (also) *B* = *B* as well as *A* : A뿐만 아니라 B도

문장의 주어로 쓰일 경우, 문장의 동사는 B에 맞춘다.

He told me **not only** his phone number **but (also)** his address.
= He told me his address **as well as** his phone number.
= He told me **both** his phone number **and** his address.

정답 | 1. want　2. change　3. Unless　4. 비록 그것이 많이 왔지만　5. 비록 그들은 피곤했지만　6. while　7. is　8. nor

Practice Test

A 다음 문장에서 어법상 <u>어색한</u> 부분을 고치시오.

1. Neither her mother or her father likes her boyfriend.
2. I'm going away for a few days. I'll call you when I will get back.
3. When you cannot believe it, it is a true story.

A for a few days 며칠 동안

B 다음 문장의 괄호 안에서 알맞은 것을 고르시오.

1. The hotel is (neither, either) clean (and, nor) comfortable.
2. (Though, Because) this is a free newspaper, I don't read it.
   It has too many ads.
3. It will take a long time (as, unless) you have a high-speed Internet connection.
4. I'm a night owl (while, unless) my husband is an early bird.

B free [friː] 공짜의
ad [æd] 광고 (= advertisement)
Internet connection 인터넷 연결

C 완전한 문장이 되도록 서로 연결하시오.

1. You have to learn either French　　·
2. You must tell either your parents　·
3. Not only you but also he　　　　·
4. Neither Amy nor you　　　　　　·

　　·① are wrong.
　　·② is happy.
　　·③ or your teacher.
　　·④ or German.

C French [frentʃ] 프랑스어
German [dʒə́ːrmən] 독일어

D 다음 우리말과 같도록 빈칸에 알맞은 말을 쓰시오.

1. 나도 나의 부모님도 그 계획에 동의하지 않았다.
   ➡ _____ agreed to the plan.
2. 나는 그 소파의 색깔은 마음에 드는 반면, 사이즈는 마음에 들지 않는다.
   ➡ _____ I like the color of the sofa, _____ its size.

D agree [əgríː] 동의하다

Review Test

01 다음 우리말과 같도록 할 때 빈칸에 알맞은 것은?

> 해가 비치고 있는데도 몹시 춥다.
> ➡ It's very cold _____ the sun is shining.

① so that　　② as if　　③ as though
④ as well as　　⑤ even though

[02~03] 다음 우리말과 같도록 빈칸에 알맞은 말을 쓰시오.

02
> 그녀는 비록 여전히 어리지만, 현명하다.
> ➡ _____ she is still young, she is wise.

03
> John이 숙제를 하지 않는다면 선생님께서 화를 내실 것이다.
> ➡ _____ John _____ do his homework, his teacher will be angry.

[04~05] 다음 빈칸에 알맞은 것을 고르시오.

04
> She has been working there _____ she got here from China.

① as　　② since　　③ though
④ as if　　⑤ unless

05
> _____ I get home, I check my mail box.

① As soon as　　② Even though
③ Whether　　④ As well as
⑤ As if

[06~07] 두 문장의 뜻이 같도록 빈칸에 알맞은 말을 쓰시오.

06
> If you don't take a taxi, you will be late.
> = _____ you _____ a taxi, you will be late.

07
> She can play the trumpet as well as the cello.
> = She can play _____ _____ the cello _____ _____ the trumpet.

08 다음 밑줄 친 부분 중 쓰임이 어색한 것은?

① <u>Unless</u> you try, you won't be able to get it.
② I can't do it <u>unless</u> you help me.
③ He will be happy <u>unless</u> you leave.
④ <u>Unless</u> you are careful, you'll lose it.
⑤ <u>Unless</u> you work hard, you will succeed.

〔고난도〕

09 다음 중 상자의 밑줄 친 as와 쓰임이 같은 것은?

> I talked with him <u>as</u> we walked home.

① Jane talks <u>as</u> if she knew everything.
② She didn't work as hard <u>as</u> him.
③ He saw Jane <u>as</u> he drove down the street.
④ <u>As</u> he lives near us, we often see him.
⑤ It can be used <u>as</u> a knife.

10 다음 문장에서 어법상 어색한 부분을 고치시오.

> Neither Andrew nor Sam didn't come to the party.

11 다음 밑줄 친 부분 중 어법상 어색한 것은?

① She wrote <u>neither</u> novels nor essays.

② Either you or he <u>is</u> to blame.

③ Both you and I <u>like</u> to watch birds.

④ It's open to amateurs <u>as well as</u> professionals.

⑤ She wanted to be either a doctor <u>nor</u> a lawyer.

12 다음 중 밑줄 친 부분의 뜻이 나머지와 다른 것은?

① I left for school with my hair wet <u>since</u> I was late.

② It's been one year <u>since</u> I came here.

③ Ten years have passed <u>since</u> we met.

④ She has not phoned me <u>since</u> she went to Seoul.

⑤ She's been working in a bank <u>since</u> she left school.

13 다음 문장의 빈칸에 들어갈 말로 어색한 것은?

> Either you or he _____.

① is the winner

② has to go there

③ didn't do the homework

④ take a walk in the evening

⑤ was in this office yesterday

[14~15] 다음 글을 읽고, 물음에 답하시오.

Do you know about Jeon Hyeongpil? Mr. Jeon is better known as Gansong. ___ⓐ___ many people don't know about him, he did a great thing for his country.

Gansong was born to a rich family in 1906. When he was 24, his father passed away and left him a great fortune. What he did with his wealth, however, was quite unique. Instead of simply ⓑ (enjoy) his wealth, he chose to buy historical Korean treasures. Why? [교과서 지문]

14 위 글의 빈칸 ⓐ에 알맞은 접속사는?

① Since ② Until ③ Because

④ While ⑤ Though

15 위 글의 괄호 ⓑ에 주어진 단어를 올바른 형태로 쓰시오.

서술형

16 다음 표의 내용과 같도록 주어진 말을 이용하여 문장을 완성하시오. [8점]

영역	항목	Tom	Ann
악기 (1) (2)	violin	○	×
	piano	○	×
	flute	×	○
운동 (3)	swimming	○	○
	soccer	○	×
언어 (4) (5)	English	○	○
	Japanese	×	○
	Chinese	×	×

(1) Tom <u>cannot play the flute but can play the violin and piano.</u> (not, but)

(2) _____ the flute. (either)

(3) _____. (both)

(4) _____ English. (not only)

(5) _____ Chinese. (neither)

Grammar Build Up

| because와 because of / though와 despite, in spite of |

1 because, because of

- **because**+주어+동사 : ~ 때문에

  because는 접속사이므로 뒤에 「주어+동사」, 즉 절이 나온다.

  I stayed home **because** it rained a lot. 비가 많이 왔기 때문에 나는 집에 있었다.
  <u>because+절</u>

  He was very upset **because** there was a false fire alarm. 거짓 화재 경보가 울려서 그는 매우 화가 났었다.

- **because of**+명사(구) [대명사, 동명사] : ~ 때문에

  because of는 구전치사이므로 뒤에 명사에 해당하는 말이 나와야 하며 절이 나올 수 없다.

  She was absent from school **because of** her <u>cold</u>. 그녀는 감기에 걸려서 학교에 결석했다.

  She was absent from school **because of** <u>she had a cold</u>. (X)

2 though, despite, in spite of

- **though**+주어+동사 : ~에도 불구하고

  though는 접속사이므로 뒤에 「주어+동사」, 즉 절이 나온다. though 대신 **although**를 쓸 수 있다.

  Though he was young, he supported his family. 그는 비록 어렸지만 가족을 부양했다.

- **despite[in spite of]**+명사(구) [대명사, 동명사] : ~에도 불구하고

  despite는 전치사이고 in spite of는 구전치사이므로 뒤에 명사에 해당하는 말이 나와야 하며 절이 나올 수 없다.

  Despite her illness, she came to work. 아픔에도 불구하고 그녀는 출근했다.
  Despite of라고 쓰지 않도록 주의한다.

  He failed the exam **in spite of** his efforts. 그는 노력에도 불구하고 시험에 떨어졌다.
  = despite

확인 C / H / E / C / K

● 다음 괄호 안에서 알맞은 것을 고르시오.

1. I can't come out (because, because of) I have too much work.

2. They got into trouble (because, because of) him.

3. The game continued (though, in spite of) the rain.

● 다음 문장에서 어법상 <u>어색한</u> 부분을 찾아 바르게 고치시오.

4. He ate nothing despite he was hungry.

5. She lent me the money because of she trusted me.

6. We went on a picnic despite of the bad weather.

정답 | 1. because 2. because of 3. in spite of 4. despite — though[although] 5. because of — because 6. despite of — despite

Chapter 12

일치와 화법

Unit 31 수의 일치

• 동사를 주어의 수와 인칭에 따라 문법적으로 일치시키는 것을 수의 일치라고 한다.

1 단수 취급

● 학문명, 단일 개념의 *A* and *B*, 금액 · 시간 · 거리의 단일 개념
physics(물리학), economics(경제학), politics(정치학), mathematics(수학)

Physics *is* my favorite subject. 물리학

Bread and butter *is* my usual lunch. 버터 바른 빵

The poet and doctor *is* dead. 시인이자 의사인 그 사람

Dozen *means* the number twelve.
한 다스는 숫자 열둘을 뜻한다.

● each, every, every(-), any(-), nobody, someone 등의 부정대명사

Everything *is* ready for the meal. 식사를 위한 모든 것이 준비되어 있다.

Nobody *knows* the answer. 아무도 답을 알지 못한다.

• 학문명, 단수 취급의 *A* and *B* • 단일 개념의 시간, 거리, 금액 • 단일 개념의 *A* and *B* • any-, every-, no-, each • the number of+복수명사 • 분수나 부분의 표현+단수명사	단수 취급 → **단수동사**
• the+형용사 (복수 의미) • a number of+복수명사 • 분수나 부분의 표현+복수명사	복수 취급 → **복수동사**

---

2 복수 취급

● 「the+형용사」가 복수 의미의 보통명사로 취급될 때

The rich *are* not always happy. 부자들이 항상 행복한 것은 아니다.

● a number of+복수명사+복수동사 : 많은 ~

A number of people *are* in the World Cup Stadium.
많은 사람들이 월드컵 경기장에 있다.

cf. the number of+복수명사+단수동사 : ~의 수

The number of factories *is* increasing. 공장의 수가 증가하고 있다.

3 수식어가 따르는 주어의 동사

수식어가 따르더라도 상관없이 동사의 수는 주어에 일치

One of my friends *sings* very well. 내 친구들 중 한 명이 노래를 매우 잘 한다.

Leaves of the tree *begin* to fall. 그 나무의 잎들은 떨어지기 시작한다.

The computer which she uses *is* mine. 그녀가 사용하는 컴퓨터는 내 것이다.
└─── 관계대명사절이 수식

4 분수나 부분의 표현 (all, most, some, half 등)

분수나 부분의 표현+단수명사+단수동사 / 분수나 부분의 표현+복수명사+복수동사

Some of this money *is* yours.

Some of the people I work with *are* very friendly.

▶ **Check**

괄호 안에서 알맞은 것을 고르시오.

1. Mathematics (is, are) difficult.
2. Everyone (was, were) ready to start.
3. To make tables (was, were) not easy.
4. The girl playing with many toys (is, are) nice.
5. Pictures which he drew (was, were) sold out.

Grammar+

다음 표현들은 B에 동사의 수를 일치시킨다.

• **either *A* or *B*** (A 또는 B 어느 한쪽)
Either you or he **has** to clean the room.

• **neither *A* nor *B*** (A도 B도 아닌)
Neither you nor she **was** present at the party.

• **not only *A* but also *B*** = ***B* as well as *A*** (A뿐만 아니라 B도)
Not only you but also Tom **likes** Susan. = Tom as well as you **likes** Susan.

• **not *A* but *B*** (A가 아니라 B)
Not you but she **is** the winner.

▶ **Check**

밑줄 친 부분을 바르게 고치시오.

6. Half of my books <u>is</u> novels.
7. One-third of the disk <u>are</u> full.

Practice Test

정답과 해설 p. 19

The leaves on the tree are beginning to fall.
Will you help me?
Sure. I love to rake up leaves.

A 다음 문장의 괄호 안에서 알맞은 것을 고르시오.

1. My friends and I (am watching, are watching) TV.
2. To read good poems (make, makes) me happy.
3. Half of the students in my class (is, are) boys.
4. Economics (is, are) an important field of social studies.
5. The poor (is, are) not always unhappy.

A poem [póuim] 시(詩)
important [impɔ́ːrtənt] 중요한
field [fiːld] 분야
social [sóuʃəl] 사회의

B 다음 문장에서 어법상 <u>어색한</u> 부분을 고치시오.

1. I'm very scared. Someone are at the door.
2. Making good friends are not easy.
3. The rest of the children stands in line for lunch.

B scared [skɛərd] 겁에 질린
rest [rest] 나머지
stand in line 줄을 서다

C 다음 우리말과 같도록 빈칸에 알맞은 말을 쓰시오.

1. 20분은 버스를 기다리기에는 너무 긴 시간이다.
   ➡ _____ _____ _____ a long time to wait for the bus.
2. 많은 사람들이 수영장에서 수영을 하고 있다.
   ➡ _____ number of people _____ swimming in the pool.

C-1 다음 우리말과 같도록 빈칸에 알맞은 말을 쓰시오.
자동차 사고의 수가 작년부터 감소했다.
➡ _____ _____ of car accidents _____ fallen since last year.

D 다음 빈칸에 알맞은 것을 고르시오.

1.
   The results of our activity _____ on the Internet last night.

   ① was introduced ② were introduced
   ③ introduced ④ introduces

2.
   Every student _____ how to read and write in English.

   ① learn ② learns
   ③ are learning ④ were learning

D result [rizʌ́lt] 결과
introduce [ìntrədjúːs] 소개하다

Unit 32 시제의 일치

• 영어 문장이 주절과 종속절로 이루어진 경우, 주절에 있는 동사의 시제에 따라 종속절의 동사의 시제를 맞추는 것을 시제의 일치라고 한다.

1 주절의 시제가 현재일 때 : 종속절은 어떤 시제라도 올 수 있다.

I **think** that he *is* honest. (현재)
I **believe** that John *will be* a lawyer. (미래)
I **know** that she *was* sick. (과거)
I **know** that he *has been* busy. (현재완료)

주절		종속절
현재 시제	→	시제 상관 없음
과거 시제	→	과거, 과거완료만 가능

시제 일치의 예외

• 불변의 진리, 현재 습관 : 현재 시제
• 역사적 사실 : 과거 시제
• 가정법 : 주절의 시제와 무관

Grammar+
절 : 단어가 모여서 문장의 일부를 구성하면서 「주어+동사」가 있는 말이다.
주절과 종속절 : 하나의 절이 다른 절 내에서 명사, 형용사, 부사 역할 (명사절, 형용사절, 부사절)을 할 때 이 절을 종속절이라고 하고, 이것을 거느리는 다른 절을 주절이라고 한다.

2 주절의 시제가 과거일 때 : 종속절은 과거 또는 과거완료가 와야 한다.

주절과 같은 시제이면 과거, 주절보다 앞선 시제이면 과거완료가 온다.
I **thought** that he *was* honest. (과거)
I **believed** that he *would become* a lawyer. (과거)
I **knew** that she *had been* sick. (과거완료)

▶ **Check**
괄호 안에서 알맞은 것을 고르시오.
1. I (think, thought) she is happy.
2. I (know, knew) you are French.

3 시제 일치의 예외 : 주절의 시제와 관계없이 정해진 시제만 써야 한다.

● 불변의 진리나 속담은 항상 현재 시제
  I **knew** that *the earth is round*. (불변의 진리) 나는 지구가 둥글다는 것을 알고 있었다.
  My teacher **told** us *all that glitters is not gold*. (속담)
  선생님은 우리에게 반짝이는 모든 것이 금은 아니라고 말씀하셨다.
● 현재의 사실이나 습관은 항상 현재 시제
  She **told** me that her school *begins* at eight. (현재의 사실)
  He **said** that he usually *goes* to bed early. (현재의 습관)
● 역사적인 사실은 항상 과거 시제
  I **know** that King Sejong *invented* Hangeul.
  Do you know the Korean War *broke* out in 1950?
● 종속절이 가정법으로 표현된 경우 주절의 시제의 변화에 영향을 받지 않는다.
  I **wish** I *were* rich. 내가 부자라면 좋을 텐데.
  ➡ I **wished** I *were* rich. 내가 부자라면 좋았을 텐데.
  He **says** if he *were* smart, he *could get* good grades.
  ➡ He **said** if he *were* smart, he *could get* good grades.
  그는 그가 영리하다면 좋은 성적을 얻을 수 있을 거라고 말한다.
  → 그는 그가 영리하다면 좋은 성적을 얻을 수 있을 거라고 말했다.

▶ **Check**
빈칸에 알맞은 말을 쓰시오.
3. I know he is a soldier.
  ➡ I knew he _____ a soldier.
4. I know he was a soldier.
  ➡ I knew he _____ _____ a soldier.

▶ **Check**
다음 문장에서 어색한 부분을 고치시오.
5. He said the earth moved round the sun.
6. She said he took a walk every morning.

Practice Test

정답과 해설 p. 20

A 다음 문장의 괄호 안에서 알맞은 것을 고르시오.

1. We thought that he (is, was, will be) honest.
2. The doctor told her that she (has, had, will have) a cold.
3. He said that she (lives, lived, has lived) in Paris.
4. We know that Columbus (discovers, discovered, had discovered) America.

A-1 괄호 안에서 알맞은 것을 고르시오.

I thought that he (comes, will come, would come) here.

A discover [diskʌ́vər] 발견하다

B 다음 문장의 시제를 바꿀 때 빈칸에 알맞은 말을 쓰시오.

1. She says that she is hungry.
   ➡ She said that she _____ hungry.
2. Tom says that he will be all right.
   ➡ Tom said that he _____ _____ all right.
3. He asks me whether you arrived.
   ➡ He asked me whether you _____ _____.

B whether [wéðər] ~인지 아닌지
arrive [əráiv] 도착하다

C 다음 문장을 괄호 안의 지시대로 고치시오.

1. He says he can bake a cake. (says를 said로)
   ➡ _____
2. I think that she has never been to Japan. (think를 thought로)
   ➡ _____
3. We learn that light travels faster than sound.
   (learn을 learned로)
   ➡ _____

C travel [trǽvəl] 이동하다, 여행하다

D 다음 문장에서 어법상 어색한 부분을 고치시오.

1. The old man said that time flew like an arrow.
2. He told me that he usually played basketball every Sunday.

D arrow [ǽrou] 화살

33 화법

- 직접화법은 남이나 자신이 한 말을 인용부호를 이용해 그대로 전달하는 방법이고, 간접화법은 인칭이나 시제를 자신의 말로 고쳐 그 내용을 전달하는 방법이다.

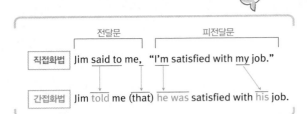

	전달문	피전달문
직접화법	Jim said to me,	"I'm satisfied with my job."
간접화법	Jim told me (that)	he was satisfied with his job.

1 간접화법 전환의 일반 규칙

	전달동사	주절과 피전달문의 연결	공통사항
평서문	• say → say • say to → tell	• 접속사 that을 이용 (that은 생략 가능)	• 인칭 바꾸기 : 전달자의 입장에 맞게 고침 • 시제 : 전달문의 시제에 일치시킴 (현재의 습관, 불변의 진리, 역사적 사실 등을 전달하는 경우는 시제 일치의 예외가 됨) • this → that, here → there, now → then, ago → before, today → that day, tomorrow → the next day, yesterday → the day before
의문문	• ask	• 의문사를 이용 • 의문사가 없을 때 : if[whether] • 전달되는 문장은 「주어+동사」의 어순	
명령문	• 지시 → tell • 충고 → advise • 부탁, 요청 → ask • 명령 → order	• 긍정 명령문의 경우 : to부정사 • 부정 명령문의 경우 : not +to부정사	

▶ **Check**
두 문장의 뜻이 같도록 빈칸에 알맞은 말을 쓰시오.
1. She says, "My dog is sick."
   ➡ She says _____ _____ _____ is sick.
2. Last night he said, "I met Jim yesterday."
   ➡ Last night he said (that) _____ _____ _____ _____ _____ _____ .

2 평서문의 간접화법

- He said, "I have a computer in my room."
  ➡ He **said (that) he had** a computer in **his** room.

- He said to me, "I saw the movie two days ago."
  ➡ He **told** me **(that) he had seen** the movie two days **before**.
  말한 시점(과거)보다 영화를 본 것이 더 먼저(과거완료)임

▶ **Check**
다음을 간접화법으로 고치시오.
3. He says to me, "What is your name?"
   ➡ _____
4. He said to me, "Is this matter important?"
   ➡ _____

3 의문문의 간접화법

- She said to me, "What are you doing?" (의문사가 있는 경우)
  ➡ She **asked** me **what I was** doing.
  「의문사+주어+동사」의 어순

- He said to me, "Do you know her?" (의문사가 없는 경우)
  ➡ He **asked** me **whether[if] I knew** her.
  「whether[if]+주어+동사」의 어순

▶ **Check**
두 문장의 뜻이 같도록 빈칸에 알맞은 말을 쓰시오.
5. He ordered us, "Clean the room."
   ➡ He ordered us _____ _____ the room.
6. Janet said to me, "Don't leave me alone, please."
   ➡ Janet asked me _____ _____ _____ _____ alone.

4 명령문의 간접화법

- He said to me, "Go home at once." (긍정 명령문)
  ➡ He **ordered** me **to go** home at once.
  「전달동사+사람+to부정사」의 어순

- My sister said to me, "Don't go out, please." (부정 명령문)
  ➡ My sister **asked** me **not to go** out.
  「전달동사+사람+not +to부정사」의 어순

정답 | 1. that her dog   2. he had met Jim the day before   3. He asks me what my name is.
4. He asked me if [whether] that matter was important.   5. to clean   6. not to leave her

Practice Test

정답과 해설 p. 20

A 다음 두 문장의 뜻이 같을 때, 밑줄 친 부분 중 어법상 어색한 것을 고르시오.

1. My brother said, "I like T-ball.*"
   = My brother ①said ②that ③I ④liked T-ball.
2. Tom said to her, "How can I get to your house?"
   = Tom ①asked her ②how ③could he get to ④her house.

B 다음 문장을 간접화법으로 바꿀 때 빈칸에 알맞은 말을 쓰시오.

1. He said to me, "I met Mary yesterday."
   ➡ He told me _____.
2. She says to him, "Who will be your coach?"
   ➡ She asks him _____.

C 다음 우리말과 같도록 주어진 단어들을 바르게 배열하시오.

1. 그는 그들에게 매일 아침 운동을 하라고 충고했다.
   ➡ He _____ every morning.
   (to, advised, exercise, them)
2. 그 사서는 나에게 큰 소리로 이야기 하지 말라고 말했다.
   ➡ The librarian _____ loudly.
   (to, speak, told, not, me)
3. 그녀는 나에게 갈 준비가 되어 있는지를 물었다.
   ➡ She asked me _____. (I, ready, was, go, to, if)

D 다음 직접화법을 간접화법으로 고치시오.

1. I said to him, "You can stay here."
   ➡ _____
2. Mr. Kim said, "I always walk to school."
   ➡ _____
3. Monica said to me, "Do you love me?"
   ➡ _____
4. She said to her son, "Please, bring me your report card."
   ➡ _____

*T-ball
미국 어린이들이 즐기는 야구와 비슷한 경기이다. 투수가 없이 T가 거꾸로 된 모양의 기둥 위에 공을 올려 놓고 치는 놀이이다.

B coach [koutʃ] 코치

C librarian [laibrɛ́əriən] 사서

D report card 성적표

Unit 33 **115**

Review **T**est

01 다음 중 밑줄 친 부분의 쓰임이 <u>어색한</u> 것은?

① Mathematics <u>is</u> my favorite subject.
② Every box <u>is</u> already full.
③ A number of stars <u>are</u> twinkling.
④ Half of my friends <u>wear</u> glasses.
⑤ Writing reports <u>are</u> difficult.

02 다음 괄호 안에서 알맞은 것을 고르시오.

> The math teacher, who we all like very much, (is, are) in hospital now.

[03~04] 다음 중 어법상 <u>어색한</u> 것을 고르시오.

03 ① He asked me when I arrived there.
② I learned one and one make two.
③ She told me that she would buy it.
④ I know our team won the game.
⑤ I said I went swimming every day.

04 ① Every picture in the room is different.
② The number of people living in cities is increasing.
③ Either of the two books is acceptable.
④ Most of the food we buy is delicious.
⑤ Some of my clothes is handed down to me by my older brother.

05 다음 대화의 빈칸에 알맞은 말을 쓰시오.

> **A** I have finished my homework.
> **B** Sorry. What did you say?
> **A** I said I _____ my homework.

[06~07] 다음 빈칸에 알맞지 <u>않은</u> 것을 고르시오.

06
> Hide and seek _____ an interesting game.

① is ② was ③ were
④ looks like ⑤ looked like

07
> I heard he _____ America.

① visited ② has been to
③ had gone to ④ lived in
⑤ went to

08 다음 빈칸에 알맞은 말이 바르게 짝지어진 것은?

> • I took a taxi since the bus _____ late.
> • She realized that there _____ someone in the dark.

① is – is ② is – are ③ are – is
④ was – was ⑤ was – were

09 다음 중 화법 전환이 <u>잘못된</u> 것은?

① He said to me, "Who is she?"
  ➡ He asked me who she was.
② She said to us, "Open your books."
  ➡ She told us to open our books.
③ She said to me, "Where are you going?"
  ➡ She asked me where I was going.
④ He said to them, "Don't touch it."
  ➡ He ordered them not touch it.
⑤ She said to him, "Help me, please."
  ➡ She asked him to help her.

10 다음 두 문장의 뜻이 같도록 빈칸에 알맞은 말을 쓰시오.

> I said to him, "Can you swim?"
> = I asked him _____.

11 직접화법을 간접화법으로 바꿀 때 밑줄 친 단어를 바르게 고치시오.

> He said, "She left yesterday."
> ➡ He said that she had left <u>yesterday</u>.

[12~13] 다음 문장에서 어법상 <u>어색한</u> 부분을 고치시오.

12
> Anyone who breaks the law are fined twenty dollars.

13
> We were taught at school that the earth went around the sun.

14 다음 중 어법상 옳은 것은?

① She thought that she is unhappy.
② I believed that he will be a doctor.
③ Every building were so beautiful.
④ My teacher said time is money.
⑤ She said that he has finished it.

고난도

15 다음 괄호 ⓐ와 ⓑ의 단어를 알맞은 형태로 바꾸시오.

> Turn off lights which ⓐ (be) not in use. Recycle as much waste as you can. Each of these practices ⓑ (be) part of a sustainable lifestyle that protects the environment.

[16~17] 다음 글을 읽고, 물음에 답하시오.

On Career Day
September 9 was "Career Day" at Harim Middle School. All the students visited a work place ⓐ they _____ interested in. They interviewed the people about ⓑ<u>their</u> jobs. After ⓒ<u>they</u> finished ⓓ<u>their</u> interviews, ⓔ<u>they</u> wrote a report about it. [교과서 지문]

16 위 글의 ⓐ~ⓔ 중 가리키는 대상이 <u>다른</u> 것은?

① ⓐ   ② ⓑ   ③ ⓒ   ④ ⓓ   ⑤ ⓔ

17 위 글의 빈칸에 알맞은 것은?

① be   ② are   ③ was
④ were   ⑤ had been

[18~20] 다음 글을 읽고, 물음에 답하시오.

I woke up at six o'clock. Mom had a bad cold and I was worried ____ⓐ____ her. I was going to prepare breakfast so that she ⓑ can rest in the morning. I walked out of my room. It seemed that somebody was already in the kitchen. It was Dad. He was heating some soup and setting the table. Dad and I looked at each other and smiled. Now breakfast is ready. Mom will be very happy to see us! [교과서 지문]

18 위 글의 빈칸 ⓐ에 알맞은 것은?

① to   ② on   ③ at
④ about   ⑤ with

19 위 글의 밑줄 친 ⓑ를 어법에 맞게 쓰시오.

20 위 글의 글쓴이에 대한 내용과 일치하지 <u>않는</u> 것은?

① 아침 6시에 일어났다.
② 어머니가 심한 감기에 걸렸다.
③ 일어나서 주방으로 갔다.
④ 주방에서 아버지를 만났다.
⑤ 아버지와 함께 국을 데웠다.

서술형

21 다음은 선생님이 수업시간에 학생들에게 한 말이다. 이 말을 사용하여 아래의 일기장을 완성하시오. [10점]

(1) Turn your cell phone off now, please.
(2) Don't make any noise here.
(3) What is the main point of this lesson?
(4) Do you have any questions?
(5) You did a good job.

September 16, 2014, Sunny
　　Today, I had an English class in the afternoon. My English teacher is Mrs. Park, and she is very nice. Before starting the class, she asked us (1) _____. She also told us (2) _____.
While in class, she asked us (3) _____
_____. At the end of the class, she asked us (4)_____.
Finally, she told us (5)_____.

22 다음 대화를 〈보기〉와 같이 바꿔 쓰시오. [10점]

── 보기 ──
Bill　What are you doing now?
Mary　I am reading a book.
➡ Bill asked Mary what she was doing then.
➡ She said she was reading a book.

(1) Bill　How many pens do you have now?
　　Mary　I have three pens.
➡ _____
➡ _____

(2) Bill　My father bought me a pet dog.
　　Mary　What's its name?
　　Bill　Its name is Doogy.
➡ _____
➡ _____
➡ _____

Chapter

3

특수 구문

Unit 34 강조, 부정 구문

1 강조의 do

「do[does, did]+동사원형」으로 동사를 강조하여, '정말로, 진짜로'라는 뜻을 나타낸다.

I *like* to read comic books.

→ I **do like** to read comic books.
　　나는 만화책 읽기를 정말로 좋아한다.

She **does play** the piano well. 그녀는 피아노를 정말로 잘 친다.

They **did have** a good time at the party.
그들은 파티에서 정말로 즐거운 시간을 보냈다.

강조 구문	동사 강조	강조의 'do' 사용 → do[does, did]+동사원형
	주어, 목적어, 부사(구, 절) 강조	It is[was] ~ that 강조 구문 사용 → It is[was]+강조할 내용+that ~
부정 구문	부분부정	전부[전체]를 나타내는 말+부정어 → 다 ~인 것은 아니다
	전체부정	'any-, either+부정어' 또는 'no-, neither, never, none' 사용 → 모두 ~가 아니다
	not A until B	B 하고서야 비로소 A하다

2 It is[was] ~ that ... 구문 : … 한 것은 바로 ~이다

문장 속의 주어나 목적어, 부사(구, 절) 등을 강조하기 위해 사용하며, It is[was]와 that 사이에 강조할 말을 넣는다.

Tom used the phone in the classroom.

→ **It was** *Tom* **that[who]** used the phone in the classroom. Tom 강조

→ **It was** *the phone* **that[which]** Tom used in the classroom. the phone 강조

→ **It was** *in the classroom* **that[where]** Tom used the phone.
　　　　　　　　　　　　　　　　　　　　　　　　　　in the classroom 강조

3 부분부정과 전체부정

● 부분부정 : each, every, all, both, always, completely 등 전체를 나타내는 말이 부정어와 함께 쓰이면 '모두 ~인 것은 아니다'라는 뜻이다.

● 전체부정 : 부정어가 any, any-, either와 함께 쓰이거나, neither, no, no-, none, never 등의 어구가 있으면 '모두 ~가 아니다'라는 뜻이다.

　┌ He does **not** know **everything**. (부분부정) 그가 모든 것을 다 아는 것은 아니다.
　└ He does **not** know **anything**. (전체부정) 그는 아무것도 모른다.
　┌ I don't know **both** of them. (부분부정) 나는 그들 둘 다 알지는 못한다.
　└ I know **neither** of them. (전체부정) 나는 그들 둘 중 어느 누구도 알지 못한다.

4 not A until B : B하고 나서야 비로소 A하다

He did**n't** know the fact **until** this morning. 그는 오늘 아침에서야 그 사실을 알았다.

I did**n't** understand the data **until** he explained it.
나는 그가 설명하고서야 그 자료를 이해했다.

▶ **Check**
괄호 안에서 알맞은 것을 고르시오.
1. I (do, does) like pizza.
2. He (do, does) run fast.

Grammar+
It is[was] ~ that ...
강조어구에 따라 that 대신 who(m), which, where, when을 쓸 수 있다.
It was yesterday **that[when]** I bought a book.

▶ **Check**
밑줄 친 부분을 강조할 때 빈칸에 알맞은 말을 쓰시오.
3. She studies <u>French</u>.
　→ ＿＿＿＿ ＿＿＿＿ French
　＿＿＿＿ she studies.

▶ **Check**
우리말과 같도록 빈칸에 알맞은 말을 쓰시오.
4. 그가 언제나 옳은 것은 아니다.
　He is ＿＿＿＿ ＿＿＿＿ right.
5. 나는 오늘에서야 그 소식을 알았다.
　I didn't know the news ＿＿＿＿ today.

A 다음 대화의 빈칸에 강조의 do를 알맞은 형태로 바꾸어 쓰시오.

1. A Why didn't you read the report?

B I _____ read the report yesterday.

2. A Do you believe in God?

B Sure. I _____ believe in God.

3. A What's her hobby?

B Dancing. She _____ like to dance.

A believe in ~의 존재를 믿다

B 다음 우리말과 같도록 빈칸에 알맞은 말을 쓰시오.

1. 모든 사람이 다 지도자가 될 수는 없다.

➡ _____ man can _____ be a leader.

2. 그녀가 만나준다는 약속을 하고서야 비로소 그는 떠나갔다.

➡ He didn't go away _____ she promised to meet him.

B leader [líːdər] 지도자

C 다음 문장을 이용하여 질문에 알맞은 대답이 되도록 빈칸을 채우시오.

> John bought an MP3 player at a shop.

1. A Who bought an MP3 player at a shop?

B _____ that bought an MP3 player at a shop.

2. A What did John buy at a shop?

B It was _____ John bought at a shop.

3. A Where did John buy an MP3 player?

B It _____ John bought an MP3 player.

D 다음 우리말과 같도록 주어진 단어들을 바르게 배열하시오.

1. 미국으로 이민가고 나서야 나는 영어를 배웠다.

(English, moved to, I, didn't, America, learn, until, I)

➡ _____

2. 그녀가 내게 보내온 것은 바로 꽃이었다.

(the flowers, sent, that, me, she, was, it)

➡ _____

D-1 다음 우리말과 같도록 주어진 단어들을 바르게 배열하시오.

아무도 게으른 사람을 좋아하지 않는다.
(likes, person, nobody, lazy, a)

→ _____

Unit 35

도치, 동격, 삽입

도치 구문	• (장소, 방향의) 부사(구)+동사+주어 • 부정어(구)+조동사+주어+본동사 • So[Neither]+(조)동사+주어
동격 관계	of 또는 that을 이용하여 같은 의미의 동격을 나타냄 • at the *age* of fifteen • I heard the *news* that he passed the exam.
삽입 구문	삽입어구 전후에 콤마(,) 사용 Too much food, I think, is bad for your health.

1 장소 부사의 도치

장소 또는 방향의 부사(구)를 문장의 앞에 쓰면 「부사(구)+동사+주어」의 어순이 된다. 단, 주어가 대명사인 경우에는 도치되지 않는다.

The rain came down.

➡ **Down** came the rain. 내렸다 그 비는.

He walked down the street.

➡ **Down the street** he walked. 길거리를 따라서 그는 걸었다.
　　　　　　주어가 대명사

2 부정어 도치 : 부정어를 문장의 앞에 두면 「부정어(구)+조동사+주어+본동사」 어순

no, never, nothing, not, seldom, rarely, hardly, scarcely, few, little (거의 ~않는)

Rarely *does he* work on the weekend. 주말엔 그는 일을 거의 하지 않는다.

Seldom *is he* here on time. 그는 여기에 정각에 온 적이 거의 없다.
　　　　be동사의 경우에는 「be동사 + 주어」의 어순

3 So+(조)동사+주어 / Neither+(조)동사+주어

● 긍정문에 대한 동의 : So+(조)동사+주어 : ~도 그렇다

A I *like* tennis very much. ― B **So** *do* I. 나도 좋아해.

A I *am* proud of my parents. ― B **So** *am* I. 나도 그래.

● 부정문에 대한 동의 : Neither+(조)동사+주어 : ~도 그렇지 않다

A I **don't** *like* tennis. ― B **Neither** *do* I. 나도 싫어.

A I *am* **not** a thief. ― B **Neither** *am* I. 나도 아니야.

4 동격의 that과 of

하나의 명사(구, 절)가 다른 명사(구, 절)와 같은 의미이거나 추가로 설명할 때, 동격 관계라고 한다. 동격 관계는 접속사 that이나 전치사 of를 이용하여 나타낸다.

The fact **that** he is kind is known to everybody. 그가 친절하다는 사실은 모두 알고 있다.
The fact = he is kind

I'm in *the habit* **of** listening to music at night. 나는 밤에 음악을 듣는 습관이 있다.
　　　　the habit = listening to music at night

5 삽입 : 문장 중에 의미를 더하기 위해 삽입되는 내용 전후에 콤마(,)를 넣는다.

The issue, **therefore**, should be considered more carefully.

그러므로 그 문제는 좀 더 신중하게 여겨져야 한다.

He is, **so to speak**, the hope of our team. 그는 말하자면 우리 팀의 희망이다.

1. 삽입어구로 자주 사용되는 단어 : however (그러나), therefore (그러므로), moreover (게다가), also (또한) 등
2. 삽입어구로 자주 사용되는 구 : first of all (우선), in addition (게다가), for example (예를 들면), that is (즉), so to speak (말하자면), I mean (다시 말하면) 등

▶Check

괄호 안의 단어를 바르게 배열하시오.

1. Down (the, fell, girl).
2. There (boss, your, goes).

▶Check

괄호 안의 단어를 바르게 배열하시오.

3. Never (use, will, I) the phone in class.
4. Little (think, did, she) about that.

▶Check

우리말과 같도록 빈칸에 알맞은 말을 쓰시오.

5. A: I have a new pet.
   B: _____ _____ _____.
   (나도 그래.)
6. A: I don't want it.
   B: _____ _____ _____.
   (나도 그래.)

▶Check

빈칸에 알맞은 말을 쓰시오.

7. There is no proof _____ he's guilty.
8. I like soccer. She, _____, doesn't like it.

정답 | 1. fell the girl   2. goes your boss   3. will I use   4. did she think
5. So do I   6. Neither do I   7. that   8. However

A 다음 빈칸에 알맞은 말을 쓰시오.

1. **A** She is from London.

   B _____ _____ he. (그도 그래.)

2. We know the fact _____ he is in the hospital.

A be in the hospital
병원에 입원해 있다

B 다음 밑줄 친 부분을 강조하여 고쳐 쓸 때 빈칸에 알맞은 말을 쓰시오.

1. The picture was <u>below his name</u>.
   ➡ Below his name _____.

2. I have <u>never</u> played such an interesting game.
   ➡ Never _____ such an interesting game.

3. I <u>little</u> dreamed of such a thing.
   ➡ Little _____ of such a thing.

B below [bilóu] ~ 아래
little [lítl] 거의 ~않는

C 다음 빈칸에 알맞은 것을 고르시오.

1.
   A I don't want to raise a dog.
   B _____ do I.

   ① So   ② Too   ③ Either   ④ Neither

2.
   Never _____ such a thing would happen.

   ① she imagined   ② did she imagine
   ③ did she imagined   ④ imagined she

3.
   The father of music, _____, Bach was born in Germany.

   ① instead   ② however   ③ that is   ④ therefore

C-1 다음 빈칸에 알맞은 것을 고르시오.
A: I like to read a novel.
B: _____
① So am I.   ② So I was.
③ So do I.   ④ So did I.

C raise [reiz] 기르다
Germany [dʒə́ːrməni] 독일

D 다음 우리말과 같도록 주어진 단어들을 바르게 배열하시오.

1. 집 꼭대기에 그 고양이가 앉아 있었다. (the cat, of the house, the top, sat)
   ➡ On _____.

2. 나는 그것을 믿을 수 없다. (it, I, can, believe)
   ➡ Hardly _____.

D hardly [háːrdli] 거의 ~않는

Review Test

01 다음 문장과 의미가 같은 것은?

> Some men cook well, but others don't.

① No man cooks well.
② Men likes cooking.
③ Any man cooks well.
④ Every man cooks well.
⑤ Every man doesn't cook well.

[02~03] 다음 우리말과 같도록 빈칸에 알맞은 말을 쓰시오.

02
> 어제 그 벽을 칠한 것은 그들이었다.
> ➡ _____ _____ they _____
>   painted the walls yesterday.

03
> 나는 그가 미국으로 갈 거라는 소식을 들었다.
> ➡ I heard the news _____ he would go
>   to America.

04 다음 밑줄 친 부분을 So로 시작하는 문장으로 바꿀 때 빈칸에 알맞은 말을 쓰시오.

> Ann has finished her homework.
> Mary has finished her homework, too.

> ➡ So _____ Mary.

05 다음 빈칸에 알맞은 것은?

> Never _____ such an exciting book
> before.

① I read   ② read I
③ haven't I read ④ I haven't read
⑤ have I read

06 다음 대화의 밑줄 친 우리말을 영어로 쓰시오.

> A I don't like dogs.
> B 나도 그래. I'm afraid of them.

07 다음 중 밑줄 친 부분의 관계가 나머지 넷과 다른 것은?

① I heard the news of her victory.
② I know the man that you met.
③ I know the fact that he is a spy.
④ Jane, his girlfriend, is very cute.
⑤ She was born in the city of Seoul.

08 다음 중 어법상 어색한 것은?

① Here I am.
② Under the table is a cat.
③ Here my teacher comes.
④ On the mountain is a big lake.
⑤ Among the boys was my brother.

09 다음 대화의 빈칸에 알맞은 것은?

> A _____
> B It was then that the fox came out of the cave.

① Where did the fox come out?
② Which animal came out of the cave?
③ How did the fox come out of the cave?
④ When did the fox come out of the cave?
⑤ Why did the fox come out of the cave?

10 다음 두 문장의 뜻이 같도록 빈칸에 알맞은 말을 쓰시오.

> I do not like either of them.
> = I _____ _____ of them.

고난도

11 다음 〈보기〉의 밑줄 친 do와 쓰임이 같은 것은?

> 보기
> She says, "I <u>do</u> worry about his hearing with all that loud music."

① I <u>do</u> not have any idea.
② <u>Does</u> he know your address?
③ <u>Do</u> not touch anything.
④ I <u>do</u> think it's a pity.
⑤ I <u>did</u> the homework by myself.

12 다음 우리말과 같도록 대화를 완성하시오.

(1) A I don't like walking in the rain.
  B _____ _____ _____. (나도 마찬가지야.)
(2) A I am interested in drawing.
  B _____ _____ _____. (나도 마찬가지야.)

[13~14] 다음 글을 읽고, 물음에 답하시오.

> The Carnival of Binche is one of the most famous festivals in Europe. It is held in Binche, Belgium, for three days in February or March. The most important people in the festival are the "Gilles." The Gilles are the men from Binche ⓐ<u>which</u> are chosen for the festival. The Gilles show up ⓑ<u>on the last day of the festival</u>. They are the highlight of the festival. [교과서 지문]

13 위 글의 밑줄 친 ⓐ를 어법에 맞게 고치시오.

14 위 글의 밑줄 친 ⓑ를 강조하는 문장이 되도록 빈칸에 알맞은 말을 쓰시오.

> _____ is on the last day of the festival _____ the Gilles show up.

🐨 서술형

15 다음은 생일에 관한 설문조사에 대한 응답이다. 동사 give를 이용하여 굵게 표시된 내용을 강조하는 문장을 완성하시오. [6점]

이름	받은 선물	받은 장소	준 사람
(1) Bill	a doll	in the restaurant	**Mike**
(2) Ann	a cap	**at school**	Susan
(3) Mike	**a pen**	in the street	Kate

(1) It was Mike that gave _____.
(2) It was _____.
(3) _____ a pen _____.

Grammar Build Up

| 여러 가지 생략 |

1 **부사절의 「주어+be동사」 생략** : 접속사 if, when, while, though 등이 이끄는 조건, 시간, 양보의 부사절에서 주어가 주절의 주어와 같거나 관용적인 it is, there is 등이 올 경우 「주어+be동사」는 생략할 수 있다.

When **(he was)** a baby, he was very cute. 아기였을 때 그는 매우 귀여웠다.

Though **(she was)** young, she supported her family. 비록 어렸지만 그녀는 가족들을 부양했다.

I will go with you, if **(it is)** necessary. 필요하다면 내가 너와 함께 가겠다.

2 **목적격 관계대명사의 생략** : 목적격 관계대명사는 생략할 수 있다. 단, 「전치사+목적격 관계대명사」인 경우에는 전치사를 뒤로 보내고 생략한다.

This is the MP3 player **(which)** I bought last week. 이건 내가 지난 주에 산 MP3 플레이어이다.

This is the house **in which** she lives. → This is the house **(which)** she lives *in*.
이곳은 그녀가 사는 집이다.

3 **접속사 that의 생략** : think, know, find, believe 등의 목적어로 쓰인 명사절을 이끄는 접속사 that은 생략할 수 있다.

I *thought* **(that)** he was American. 나는 그가 미국인이라고 생각했다.

He *found* **(that)** she was mistaken. 그는 그녀가 오해했음을 알았다.

4 **대부정사** : 동사의 반복을 피하기 위해 to만 남기고 동사를 생략한 경우이다. 주로 hope, wish, would like, want 등과 같은 동사 다음에 쓰인다.

A Would you like to have some coffee? 커피 좀 드시겠습니까?

B Yes, I'd like **to** (have some coffee). 네, 그러고 싶습니다.

확인 C / H / E / C / K

● 다음 중 생략할 수 있는 단어에 O표 하시오.

1. This is the man whom I played tennis with.

2. I think that it is true.

● 다음 두 문장의 뜻이 같도록 빈칸에 알맞은 말을 쓰시오.

3. When a boy, he liked to make model cars.

= When _____ _____ a boy, he liked to make model cars.

4. You may go out if you want to.

= You may go out if you want to _____ _____.

Final Test 1

01 다음 빈칸에 알맞은 것은?

> He isn't my brother, but he talks as if he _____ my brother.

① is   ② be   ③ to be
④ being   ⑤ were

02 다음 문장 중 뜻이 <u>다른</u> 하나는?

① Joe is the oldest man in this town.
② No man in this town is as old as Joe.
③ No man in this town is older than Joe.
④ Joe is older than any other man in this town.
⑤ Joe is one of the oldest men in this town.

[03~04] 다음 대화의 빈칸에 가장 알맞은 것을 고르시오.

03
> A He said to her, "Do you like me?"
> B Pardon?
> A He asked her _____.

① that you like her
② that you liked him
③ if I like him
④ if she liked him
⑤ if you liked her

04
> A I'm going to swim. Will you join me?
> B No, thanks. I'm tired. I _____ take a nap.

① may   ② could   ③ used to
④ might   ⑤ would rather

05 다음 밑줄 친 부분과 바꿔 쓸 수 있는 것은?

> <u>Without my teacher</u>, I would leave school.

① If it were not for my teacher
② If it had not been for my teacher
③ If I don't have my teacher
④ Unless I have my teacher
⑤ Had it not been for my teacher

06 다음 주어진 문장의 밑줄 친 that과 쓰임이 같은 것은?

> It was in the park <u>that</u> I saw John.

① Where is the book <u>that</u> I put on the table?
② A dictionary is the book <u>that</u> we use to know the meaning of a word.
③ It is important <u>that</u> you finish the work on time.
④ Everything <u>that</u> he said was true.
⑤ It is you <u>that</u> should meet him.

07 다음과 같이 문장을 바꿔 쓸 때, 빈칸에 알맞은 것은?

> I don't know whether I should go to Canada or Mexico on vacation.
> ➡ I cannot decide _____ on vacation.

① when to go   ② where to go
③ how to go   ④ what to go
⑤ how to do it

08 다음을 수동태로 바꿔 쓸 때 빈칸에 알맞은 말을 쓰시오.

> Somebody was cleaning the room when I arrived.
> ➡ The room _____ when I arrived.

[09~10] 다음 우리말에 맞게 주어진 단어들을 배열하시오.

09
> 우리 엄마는 내가 TV를 보며 시간을 낭비하지 않기를 바라신다.
> ➡ My mother expects _____ watching TV. (waste, me, to, not, time)

10
> Mike는 내가 그와 함께 가야 한다고 주장했다.
> ➡ Mike insisted on _____.
> (going, with, me, him)

[11~12] 다음 빈칸에 가장 알맞은 것을 고르시오.

11
> You can take _____ you want.

① who   ② which   ③ that
④ whatever   ⑤ whoever

12
> The older she gets, _____.

① she becomes wiser
② the wisest she becomes
③ as she becomes wise
④ more wiser she becomes
⑤ the wiser she becomes

[13~15] 다음 두 문장의 뜻이 같도록 빈칸에 알맞은 말을 쓰시오.

13
> I'm sorry I didn't apologize to her.
> = I should _____ _____ to her.

14
> He seemed to travel around the world.
> = It _____ that _____ _____ around the world.

15
> Not only you but also he has to go there.
> = He _____ _____ _____ _____ has to go there.

16 다음 밑줄 친 부분 중 어법상 어색한 것은?

① This is the city <u>where</u> I was born in.
② This is <u>how</u> I solved the problem.
③ I forget the day <u>when</u> we first met.
④ Show me <u>the way</u> you made it.
⑤ I know the reason <u>why</u> he was angry.

17 다음 문장을 바꿔 쓸 때 빈칸에 알맞은 말을 쓰시오.

> The book is too expensive, so I'm not going to buy it.
> ➡ If the book were _____ expensive, I _____ _____ it.

18 다음 대화의 내용에 맞게 빈칸에 알맞은 말을 쓰시오.

> A Did you send my package, Tom?
> B No, I didn't. Sorry, Cathy.

➡ Tom forgot _____ _____ her package.

19 다음 빈칸에 알맞은 것끼리 바르게 짝지어진 것은?

> • You need _____ the car.
> • The car needs _____.

① repairing – to repair
② repairing – to be repaired
③ to repair – repairing
④ to repair – to repairing
⑤ to be repaired – repairing

20 다음 대화의 빈칸에 알맞은 말을 쓰시오.

> A I can't speak English well.
> B _____ _____ I. English is difficult to speak.

21 다음 대화의 빈칸에 알맞은 것은?

> A Was Mike at the party when you got there?
> B No, he _____.

① didn't go home
② has gone home
③ went to the party
④ had gone home
⑤ has gone to the party

22 다음 밑줄 친 부분 중 생략할 수 없는 것은?

① The chair on which I'm sitting is hard.
② The man that I talked to was kind.
③ The show which we saw was interesting.
④ The bike that I bought was expensive.
⑤ Some of the people whom I invited couldn't come.

[23~24] 다음 글을 읽고, 물음에 답하시오.

> Let me tell you about myself. My name is Rosemary. Please don't think I'm a rose just because of my name. Parents often place me in their children's study room because my scent is very special. It can ___ⓐ___ a person's memory. My scent is helpful in other ways. ⓑ몇몇 사람들은 차를 만들기 위해서 뿐만 아니라 음식을 맛있게 만들기 위해서 저를 이용합니다.
>
> [교과서 지문]

23 위 글의 내용상 빈칸 ⓐ에 알맞은 것은?

① surprise   ② damage   ③ improve
④ guess   ⑤ bother

24 위 글의 밑줄 친 ⓑ의 우리말과 같도록 문장을 완성하시오.

> Some people use me not _____ to make tea _____ _____ to make food delicious.

[25~26] 다음 글을 읽고, 물음에 답하시오.

> In English class, we had a special lesson about Irish culture. A tall man visited our class and gave a lesson about his country. He was wearing a green T-shirt. It was not easy ⓐto understand his accent at first, but we got used to it little by little.
>
> [교과서 지문]

25 위 글의 밑줄 친 ⓐ와 쓰임이 같은 것은?

① He needs a book to read.
② Do you have something to eat?
③ It is necessary to help one another here.
④ We were surprised to hear the news.
⑤ I got up early to take a walk with her.

26 위 글의 내용과 일치하지 않는 것은?

① 영어 수업시간에 글쓴이는 특별한 수업을 받았다.
② 아일랜드 문화에 대한 수업을 했다.
③ 키 큰 아일랜드 남자가 수업을 진행했다.
④ 키 큰 남자는 녹색 티셔츠를 입었다.
⑤ 글쓴이는 남자의 억양에 익숙해지지 못했다.

27 다음 글에서 밑줄 친 단어를 어법에 맞게 고치시오.

> A few months ago, I visited Brazil with my family. While we were there, we took tours of some famous cities like Rio de Janeiro and São Paulo. We used to traveling with big tour companies, but this time we decided to take bike tours with local residents.
>
> [교과서 지문]

[28~29] 다음 글을 읽고, 물음에 답하시오.

> I wanted to make my skirt shorter. I wanted to make my jacket tighter. Mom never allowed me ⓐ(do) anything about my uniform. ⓑ엄마는 틀림없이 나에게 화가 나셨을 것이다. But if I think about it now, my school uniform is not that bad.
>
> [교과서 지문]

28 위 글의 괄호 ⓐ에 주어진 단어를 알맞은 형태로 쓰시오.

29 위 글의 밑줄 친 ⓑ의 우리말과 같도록 할 때 다음 빈칸에 알맞은 것은?

> She _____ have been angry with me.

① will
② can
③ may
④ must
⑤ should

30 다음 괄호 안에 주어진 단어를 알맞게 배열하시오.

> A few days later, another Japanese collector came to Gansong. He offered to pay 40,000 won for the vase. It was _____ (as, twice, much, as) the price Gansong had paid. Gansong closed his eyes and did not say a word.
>
> [교과서 지문]

Final Test ❷

01 다음 대화의 빈칸에 알맞은 말을 쓰시오.

> A Do you like chocolate?
> B Not now. But when I was a child, I _____ _____ eat it almost every day.

02 다음 빈칸에 알맞은 것은?

> Children should _____ by their mother.

① take care of
② be taken care of
③ have been taking care of
④ have taken care of
⑤ be taking care of

03 다음 두 문장의 뜻이 같도록 빈칸에 알맞은 말을 쓰시오.

> She doesn't know his address and I don't, either.
> = _____ she _____ I know his address.

[04~06] 다음 대화의 빈칸에 알맞은 것을 고르시오.

04

> A How was the movie?
> B It was _____ than this one.

① more interested
② as much interesting
③ as much interested
④ much more interested
⑤ much more interesting

05

> A Do you have an MP3 player?
> B No, I don't. I wish _____.

① I will buy one
② I don't have one
③ I had one
④ I have much money
⑤ I want to buy one

06

> A Are you going to John's birthday party?
> B No, _____.

① I didn't invite
② he isn't invited
③ I have invited him
④ he has been invited
⑤ I haven't been invited

07 다음 밑줄 친 부분의 뜻이 알맞은 것은?

① <u>Seeing the movie</u>, you will be moved.
  (→ If you see the movie)
② <u>Being tired</u>, they kept working.
  (→ As they were tired)
③ <u>Frankly speaking</u>, this shirt doesn't look good on you. (→ As I speak frankly)
④ <u>Having finished my work</u>, I went home.
  (→ Though I had finished my work)
⑤ <u>It being very cold</u>, we didn't play soccer.
  (→ Though it was very cold)

Final Test 2

[08~10] 다음 우리말과 같도록 주어진 말을 이용하여 문장을 완성하시오.

08
> 그는 2시간째 그 기계를 고치고 있다.
> He _____ _____ _____ the machine for two hours. (fix)

09
> 이 휴대전화는 저것보다 2배 더 비싸다.
> This cell phone is _____ _____ _____ as that one. (expensive)

10
> 우리는 떠나기 전에 시간을 확인했어야 했다.
> We _____ _____ _____ the time before we left. (check)

[11~13] 다음 두 문장의 뜻이 같도록 빈칸에 알맞은 말을 쓰시오.

11
> However hard I may try, I can't solve this problem.
> = _____ _____ _____ hard I may try, I can't solve this problem.

12
> He will tell you what you should do.
> = He will tell you _____ _____ _____.

13
> Sometimes I get up early, but sometimes I don't.
> = I don't _____ get up early.

14 다음 대화를 한 문장으로 요약할 때, 주어진 말을 이용하여 빈칸을 완성하시오.

> A Should I buy a new dress?
> B No, I don't think that's a good idea right now.
> A I guess you're right.

> ➡ They decided _____ _____ _____ a new dress right now. (buy)

15 다음 밑줄 친 부분 중 생략할 수 없는 것은?

① The bread which is in the basket isn't safe for eating.
② When I was in Canada, I visited Vancouver.
③ Won't you join us? – I'll be glad to.
④ He is the man whom I met last night.
⑤ I think that she is intelligent.

16 다음 각 문장의 괄호 안에서 알맞은 것을 고르시오.

- She had her son (do, done) the dishes.
- She had her winter coat (clean, cleaned) yesterday.

17 다음 대화의 내용과 같도록 빈칸에 알맞은 말을 쓰시오.

> Cathy Are you ready to leave?
> Mike Yes, I am. Did you put your camera in your backpack?

↓

> Cathy asked Mike if _____ _____ ready to leave. Mike said he was. And he asked her if _____ _____ _____ her camera in her backpack.

18 주어진 문장을 가정법 문장으로 바꿔 쓰시오.

> Because I didn't study harder, I could not pass the exam.
> ➡ If I _____ _____ harder, I _____ _____ _____ the exam.

19 다음 중 밑줄 친 부분이 어법상 어색한 것은?

① I'm looking forward to see you.
② It is getting darker and darker.
③ She shouted as loudly as she could.
④ I do hope you'll get better soon.
⑤ I will have finished it by noon.

20 다음 두 문장의 뜻이 같도록 밑줄 친 부분을 고치시오.

> No other student in our school is as intelligent as Susan.
> = Susan is an intelligent student in our school.

21 다음 문장을 주어진 말로 시작하여 바꿔 쓰시오.

> You don't need to take an umbrella.
> ➡ It is not necessary _____ _____ _____ _____ _____ _____.

22 다음 중 밑줄 친 부분이 어법상 어색한 것은?

> Computers cannot think ①for themselves ②as we do. They cannot do anything ③if we turn them on. They do only ④what we want them ⑤to do.

23 다음 주어진 문장의 밑줄 친 부분과 쓰임이 같은 것은?

> His dream was becoming a soldier.

① I will practice skating this winter.
② She doesn't enjoy singing songs.
③ Do you mind staying alone here?
④ Jane's hobby is playing the violin.
⑤ Being honest is necessary for our friendship.

24 다음 중 밑줄 친 부분이 어법상 어색한 것은?

① He asked me if I would mind calling him later.
② I wish I knew what was going to happen.
③ By next month my brother will spend all the money he has now.
④ While staying in London, I met John.
⑤ It is said that wearing rubber can protect a person from lightning.

25 다음 글의 빈칸에 알맞은 접속사는?

> Thanks to his efforts, however, the priceless works are preserved. _____ he passed away more than 50 years ago, his spirit will remain with us forever.
>
> [교과서 지문]

① Until   ② If   ③ Unless
④ Though   ⑤ Because

[26~27] 다음 글을 읽고, 물음에 답하시오.

> Thank you, Jiyeon. I lost my puppy, and I didn't know ⓐ무엇을 해야 할지. But as you ___ⓑ___, my puppy came back home that night by himself! I gave him a warm bath and then we played together. Thank you again for your nice advice.
> Love, Minji
>
> [교과서 지문]

26 위 글의 밑줄 친 우리말 ⓐ를 의문사를 포함한 3단어로 쓰시오.

27 위 글의 빈칸 ⓑ에 알맞은 것은?

① say   ② saying
③ have said   ④ said
⑤ had said

[28~30] 다음 글을 읽고, 물음에 답하시오.

> Over the past one hundred years or so, inventions have made our lives ⓐ(comfortable). Telephones allow people to communicate easily over long distances. Computers help people work faster. Thanks to automobiles and airplanes, it is easier to travel. But does everyone benefit from these inventions? ___ⓑ___ is this question that some inventors have been asking themselves. Thankfully, they have found ways to help ⓒ(most, help, who, need, those).
>
> [교과서 지문]

28 위 글의 괄호 ⓐ에 주어진 단어의 비교급을 쓰시오.

29 위 글의 빈칸 ⓑ에 알맞은 것은?

① That   ② It   ③ What
④ Which   ⑤ This

30 위 글의 괄호 ⓒ에 주어진 단어를 알맞게 배열한 것은?

① who help need those most
② who those need help most
③ those need help most who
④ those who need help most
⑤ most need help those who

Memo

Memo

정답과 해설

Chapter 01 | 문장

Review Test
p. 10

01 The girl reading on the bench lives next to us.
02 ⑤ **03** ② **04** ② **05** were → was **06** Knowing[To know] **07** ② **08** ⑤

01 주어 The girl이 현재분사구의 꾸밈을 받아 길어진 문장이다.

02 미래 시제 문장이므로 과거를 나타내는 부사절은 알맞지 않다.

03 ② something이 목적어이며 to drink는 something을 꾸며 주는 to부정사의 형용사적 용법이다.

04 ②는 3형식 문장으로 과거분사구가 목적어 a book을 수식한다. 나머지는 5형식 문장으로 목적격보어이다.

05 문장의 주어는 a man으로 3인칭 단수이다.

06 주어 역할을 하는 동명사 Knowing 또는 to부정사 To know가 되어야 한다. 동사는 is이다.

[07~08] 해석 | 특히 아프리카에서는 많은 사람들이 깨끗한 물에서 멀리 산다. 그들은 물을 얻기 위해 여러 시간 동안 걸어야 한다. 문제는 들어서 먼 거리를 운반하기에는 물이 너무 무겁다는 것이다. 그래서 남아프리카의 디자이너들은 Q Drum이라는 발명품을 내놓았다. 그것은 철자 Q처럼 보이기 때문에 Q Drum이라고 불린다. 이 용기는 75리터의 물을 저장할 수 있으며 바퀴처럼 굴릴 수 있다.

07 ⓐ와 ②의 밑줄 친 부분은 모두 주격보어이다. ① 부사 ③ 목적어 ④ 직접목적어 ⑤ 목적격보어

08 ⑤ 바퀴처럼 굴릴 수 있다고 했으며, 여러 개의 바퀴가 달려 있다는 언급은 없다.

Chapter 02 | to부정사

Unit 02 | Practice Test
p. 13

A 1. 극장에 가기로[갈 것을] **2.** 다른 사람들을 이해하는 것은
3. 경주에 져서 **4.** 마실 것을
B 1. how to ride **2.** what to do **3.** when to visit
C ③
D 1. to tell a lie **2.** no friend to talk to
3. the kitchen to wash the dishes

A_ 1. 명사적 용법 : decided의 목적어
2. 명사적 용법 : 문장의 주어
3. 부사적 용법 : sad의 원인
4. 형용사적 용법 : to drink가 something을 수식

B_ what to do : 무엇을 할지
where to buy : 어디서 살지
when to visit : 언제 방문할지
how to ride : 어떻게 타는지

C_ expect +to부정사 : ~할 것을 기대하다

D_ 1. to tell a lie가 진주어로 쓰인 명사적 용법
2. to talk to가 friend를 꾸며 주는 형용사적 용법
3. to wash the dishes는 목적을 나타내는 부사적 용법

Unit 03 | Practice Test
p. 15

A 1. too **2.** enough **3.** enough **4.** too
B 1. small enough **2.** too small **3.** seems to fix
C 1. to sleepy → too sleepy **2.** enough good → good enough **3.** seemed be → seemed to be
D ③

A_ 1, 4. too +형용사[부사]+to부정사 : 너무 ~해서 …할 수 없다
2, 3. 형용사[부사]+enough to부정사 : ~할 만큼 충분히 …한

B_ 1. 형용사는 enough 앞에 위치
2. 형용사는 too와 to 사이에 위치
3. seem +to부정사 : ~해 보인다

C_ 1. too ~ to ... : 너무 ~해서 …할 수 없다
2. enough는 형용사[부사] 뒤에서 수식
3. seemed +to부정사 : ~해 보였다

D_ '현재 그녀가 ~인 것 같다'의 의미이다.
She seems to be ~. = It seems that she is ~.

A 1. go[going]   2. know   3. to call   4. touch [touching]   5. (to) carry

B 1. watched them do[doing]   2. told me to get back   3. let him travel   4. help you (to) find

B-1 1. make us laugh   2. see the accident happen [happening]

C ④

D 1. advised her to read   2. him buy the[a] bicycle   3. heard little birds sing[singing]

A_ 1, 4. 지각동사(hear, feel)+목적어+원형부정사[현재분사]

2. 사역동사(let)+목적어+원형부정사

3. want+목적어+to부정사

5. help+목적어+to부정사[원형부정사]

B_ 1. 지각동사(watch)+목적어+원형부정사[현재분사]

2. tell+목적어+to부정사

3. 사역동사(let)+목적어+원형부정사

4. help+목적어+to부정사[원형부정사]

C_ want+목적어+to부정사 / 너는 내가 말한 것을 들었니, 아니면 내가 그걸 다시 말해 주길 원하니?

D_ 1. advise+목적어+to부정사 : ~에게 …하라고 충고하다

2. 사역동사(let)+목적어+원형부정사 : ~가 …하는 것을 허락하다

3. 지각동사(hear)+목적어+원형부정사[현재분사] : ~가 …하는 걸 듣다

A 1. of me   2. of him   3. for her   4. for them

B 1. for a child   2. of him   3. never to go   4. you   5. 불필요

B-1 not to put on

C 1. ②   2. ②

D 1. of him to say so   2. of you to help me   3. decided not to wait   4. To be frank with you

---

A_ to부정사의 의미상의 주어는 to 앞에 「for+목적격」으로 쓰고, careless, wise, kind, nice 등 사람의 성격이나 태도를 나타내는 형용사가 오면 「of+목적격」으로 쓴다.

B_ 1. to부정사의 의미상의 주어는 「for+목적격」으로 쓴다.

2. wise 뒤에는 to부정사의 의미상의 주어로 「of+목적격」이 온다.

3. to부정사의 부정은 to 앞에 not이나 never를 붙인다.

4. to부정사의 의미상의 주어가 문장의 목적어와 일치하면 생략

5. to부정사의 의미상의 주어가 문장의 주어와 일치하면 생략

C_ 1. careless(부주의한) 뒤에는 「of+목적격」을 쓴다.

2. to부정사의 의미상의 주어는 「for+목적격」으로 나타낸다.

D_ 1, 2. to부정사의 의미상의 주어는 to 앞에 온다.

3. to부정사의 부정은 to 앞에 not이나 never를 붙인다.

4. to be frank with you : 솔직히 말해서(독립부정사)

---

01 ②   **02** ④   **03** ②   **04** too, for, to buy

05 It seemed that   **06** ⑤   **07** ④   **08** ⑤   **09** wanted me not to play   **10** makes people make bad choices   **11** to wear what → what to wear   **12** knowing → know   **13** not to buy   **14** ⑤   **15** (A) to give (B) use (C) to damage   **16** ③   **17** ⑤   **18** ③   **19** too difficult to understand   **20** ②

서술형   **21** (1) to eat the food on the table

(2) me not to watch TV too much

(3) me do my homework

(4) me to take care of my brother

(5) me to go to bed early

22 (1) my younger brother to wash her car (2) he is old enough to do it (3) seems to think he is too young to wash the car (4) for him to wash the car and he doesn't know what to do

---

01 '함께 놀 친구들'이라는 뜻이 되어야 하므로 전치사 with(~와 함께)를 포함해 to play with를 써야 한다.

02 difficult로 보아 to부정사의 의미상의 주어는 「for+목적격」으로 나타낸다.

03 not to mention : ~은 말할 것도 없이

04 so+형용사[부사]+that+주어+can't[couldn't]+동사원형 = too+형용사[부사]+(for+목적격+)to부정사

05 「seem[seemed]+to부정사」는 「It seems[seemed] that+주어+동사」로 바꾸어 쓸 수 있다.

06 사람의 성격이나 태도를 나타내는 형용사 뒤에는 「of+목적격」으로 to부정사의 의미상의 주어를 나타낸다.

07 want는 목적격보어로 to부정사를 쓰고, 지각동사나 사역동사는 목적격보어로 원형부정사를 쓴다.

08 to know는 many things를 꾸며 주는 형용사적 용법

09 「want+목적어+to부정사」의 형태로, to부정사의 부정은 to 앞에 not을 쓴다.

10 「사역동사+목적어+목적격보어(원형부정사)」의 어순

11 「의문사+to부정사」의 어순

12 let+목적어+원형부정사 : ~가 …하도록 하다

13 to부정사의 부정은 to 앞에 not을 쓴다.

14 seem+to부정사 : ~해 보인다

15 (A) 「decide+to부정사」 (B) 「let+목적어+원형부정사」 (C) 「want+목적어+to부정사」

16 「enough+명사+to부정사」, 「형용사+enough+to부정사」

17 해석 | 당신은 사고가 나면 무엇을 해야 하는지 아는가? 다음의 사례에서 주어진 처치의 문제점은 무엇인가? 그것에 대해 생각해보고 일상의 사고를 처리하는 최선의 방법을 찾아봐라.
명사를 꾸미는 역할을 하는 형용사적 용법의 to부정사가 들어가야 한다.

18 해석 | Zeus는 Callisto와 사랑에 빠졌다. 어느 날 그가 그녀와 함께 있었을 때, 그는 그의 아내 Hera가 오는 것을 봤다. Zeus는 그녀가 Callisto라는 것을 Hera가 알 수 없도록, 그녀를 큰 곰으로 변하게 했다.
saw는 지각동사이므로 목적격보어는 원형부정사 come 또는 현재분사 coming이 적절하다.

[19~20] 해석 | 나는 나를 그 전시회에 데려온 것에 대해 아빠에게 감사했다. 나는 항상 예술은 이해하기에 너무 어렵다고 생각했다. 그러나 내가 오늘 본 예술 작품들은 달랐다. 그들은 내가 이해하기에 충분히 쉬웠다. 또한 그것들은 재미있었다. 이제 나는 예술이 우리 주변의 어떤 것으로부터든지 만들어질 수 있다고 생각한다.

19 「too+형용사[부사]+to부정사」는 '너무 ~해서 …할 수 없는'이라는 뜻을 나타낸다.

20 to부정사의 의미상의 주어는 「for+목적격」으로 나타낸다.

22 해석 | 우리 엄마는 내 남동생에게 엄마의 차를 닦아달라고 하셨다. 엄마는 동생이 세차를 하기에 충분히 나이가 들었다고 생각한다. 그러나 내 남동생은 스스로가 세차를 하기엔 너무 어리다고 생각하는 듯 보인다. 그는 차를 닦는 것이 자신에게 너무 힘든 일이라고 하면서 무엇을 해야 할지 모르겠다고 말한다.

서술형

21

평가 영역	채점 기준	배점
Fluency	5개의 문장을 모두 완성함.	5점
	4개의 문장을 완성함.	4점
	3개의 문장을 완성함.	3점
	2개의 문장을 완성함.	2점
	1개의 문장을 완성함.	1점
	완성한 문장이 없음.	0점
Accuracy	문법상의 오류가 없음.	5점
	문법상의 오류가 1개 있음.	4점
	문법상의 오류가 2개 있음.	3점
	문법상의 오류가 3개 있음.	2점
	문법상의 오류가 4개 이상 있음.	0점

22

평가 영역	채점 기준	배점
Fluency	to부정사를 활용한 문장을 2개 이상 씀.	4점
	to부정사를 활용한 문장을 1개 씀.	2점
	문장이 성립되지 않거나 답을 쓰지 못함.	0점
Accuracy	문법이나 철자의 오류가 0~1개 있음.	4점
	문법이나 철자의 오류가 2~3개 있음.	2점
	문법이나 철자의 오류가 4개 이상 있음.	0점

Chapter 03 | 동명사

Unit 06 | Practice Test
p. 25

A 1. ① **2.** ④

A-1 ②

B 1. eating **2.** saying **3.** helping

C 1. Walking alone at night
2. him not being honest

D 1. 나는 그가 나를 구해준 것을 고마워했다.
2. 우리는 그 경기에 이긴 것이 자랑스럽다.
3. 나는 그녀가 시험에 합격한 것에 놀랐다.
4. 그들은 Bill이 밖에서 늦게까지 노는 것을 싫어한다.
5. Mary가 늦은 것이 우리를 화나게 했다.

A_ 1. 동명사는 문장의 주어 역할을 할 수 있고, 의미상 주어가 일반인일 경우 생략한다.
2. 동명사는 전치사의 목적어 역할을 하고, 부정어는 동명사 바로 앞에 쓴다.

B_ 1~3. 동명사가 전치사 before, without, for의 목적어로 쓰였다.

C_ 1. 동명사는 주어가 될 수 있고 동시에 수식어구를 취할 수 있다.
2. 동명사의 부정은 동명사 바로 앞에 부정어 not[never]을 붙이므로 him not being honest로 쓴다.

D_ 1. saving의 의미상 주어는 문장의 목적어인 him이다.
2. winning의 의미상 주어는 문장의 주어인 We이다.
3. passing의 의미상 주어는 her이다.
4. playing의 의미상 주어는 Bill이다.
5. being의 의미상 주어는 Mary이다.

A 1. seeing   **2.** to talk   **3.** asking
A-1 to avoid, eating
B 1. ①   **2.** ①   **3.** ②
C 1. ④   **2.** ③   **3.** ①   **4.** ②
D 1. ②   **2.** ②

A_ 1. remember+동사사 : ∼했던 것을 기억하다
　　2. stop+to부정사 : ∼하기 위해 멈추다
　　3. regret+동명사 : ∼했던 것을 후회하다
B_ 1. stop+to부정사 : ∼하기 위해 멈추다
　　　 stop+동명사 : ∼하는 것을 멈추다
　　2. try+to부정사 : ∼하려고 애쓰다
　　　 try+동명사 : 시험 삼아 ∼해보다
　　3. forget+to부정사 : ∼할 것을 잊다
　　　 forget+동명사 : ∼했던 것을 잊다
C_ 1, 3. decide, hope는 to부정사를 목적어로 취한다.
　　2. enjoy는 동명사를 목적어로 취한다.
　　4. hate는 동명사와 to부정사 둘 다를 목적어로 한다.
D_ 1, 2. '앞으로 ∼할 것을 잊다' 라는 의미이므로 「forget+to부정사」
　　　 로 쓴다.

A 1. ①
B 1. surfing   **2.** to going
C ③
D 1. worth trying   **2.** help thinking   **3.** use asking

A_ 'be worth -ing : ∼할 가치가 있다' 이므로 to visit → visiting
B_ 1. spend+시간+-ing : ∼하는 데 시간을 쓰다
　　2. look forward to -ing : ∼하는 것을 기대하다
C_ 'be busy -ing : ∼하느라 바쁘다' 이므로 to prepare →
　　 preparing
D_ 1. be worth -ing : ∼할 가치가 있다
　　2. can't help -ing : ∼하지 않을 수 없다
　　3. It is no use -ing : ∼해도 소용없다

01 ⑤   **02** to talk → talking   **03** keeping → to keep
04 ④   **05** could not help crying 또는 could not but
cry   **06** not wearing uniforms   **07** ①   **08** ②   **09** ④
10 ⑤   **11** to call   **12** ②   **13** ① → skiing   **14** (A) my
(B) smoking   **15** ④   **16** talking, to talk   **17** ②
18 having → to have   **19** having   **20** ④
서술형   **21** (1) forward to   (2) help playing
(3) busy   (4) spent   (5) like   (6) promised, to play
22 (1) Andrew feels like flying a kite.   (2) Kelly loves
solving[to solve] difficult problems.   (3) Cathy
regrets wearing a miniskirt.   (4) Kevin can't help
visiting the dentist.   (5) Tom hopes to collect old
records, too.

01 동명사의 의미상의 주어는 소유격이나 목적격을 쓴다.
02 stop+-ing : ∼하는 것을 그만두다, 멈추다
03 거리를 유지할 것을 기억하라는 뜻이므로 「remember+to부정사」
04 hope는 to부정사를 목적어로 취한다.
05 cannot help+-ing(= cannot but+동사원형): ∼하지 않을
　　 수 없다.
06 동명사를 부정할 때는 「not+동명사」로 쓴다.
07 「want+to부정사」, stopping → to stop
08 ② sleeping은 baby를 꾸며 주는 현재분사, 나머지는 동명사
09 try+to부정사 : ∼하려고 애쓰다, 노력하다
10 stop+-ing : ∼하는 것을 멈추다 / cannot help+-ing : ∼하
　　 지 않을 수 없다
11 내일 전화하기로 기억하는 것이므로 「remember+to부정사」
12 It is no use -ing = It is useless+to부정사 : ∼해도 소용없다
13 enjoy+-ing : ∼하기를 즐기다
14 (A) 내용상 my가 알맞다. 동명사의 의미상의 주어는 소유격이나 목
　　 적격을 쓴다. (B) 금연한다는 말이므로 stop+-ing
15 ① to cry → crying   ② to do → doing   ③ read →
　　 reading   ⑤ to cry → crying
16 enjoy+동명사, hope+to부정사
17 밑줄 친 watching은 주어 역할을 하는 동명사이다. ②는 진행을
　　 나타내는 현재분사이다.
18 해석 | 모두가 멋진 좌우명을 갖고 있었다. 하진이는 집에 돌아오는
　　 길에 자신의 좌우명을 갖기로 결심했다. 그러나 그는 좋은 것을 생각
　　 해낼 수 없었다. 저녁에 그는 가족과 함께 이야기했다.
　　 decide는 to부정사를 목적어로 취하는 동사이다.
[19~20] 해석 | 고등학교를 위한 도움말
　　 1. 너의 미래 계획을 가능한 한 일찍 설정해라.
　　 2. 좋은 성적을 받기 위해 노력하라.
　　 3. 다양한 영역에서 봉사 활동을 하라.
　　 4. 좋은 친구를 사귀어라.
　　 5. 즐거움을 찾는 너만의 방식을 찾아라.

19 전치사 of의 목적어이므로 동명사인 **having**이 알맞다.

20 ④ 여기서 **company**는 '친구, 동료'라는 의미로 쓰였다.

서술형

21

평가 영역	채점 기준	배점
Accuracy	6개의 문장을 올바른 표현을 써서 모두 완성함.	6점
	5개의 문장을 올바른 표현을 써서 완성함.	5점
	4개의 문장을 올바른 표현을 써서 완성함.	4점
	3개의 문장을 올바른 표현을 써서 완성함.	3점
	2개의 문장을 올바른 표현을 써서 완성함.	2점
	1개의 문장을 올바른 표현을 써서 완성함.	1점
	올바른 표현을 써서 완성한 문장이 없음.	0점

22

평가 영역	채점 기준	배점
Fluency	5개의 문장을 모두 완성함.	5점
	4개의 문장을 완성함.	4점
	3개의 문장을 완성함.	3점
	2개의 문장을 완성함.	2점
	1개의 문장을 완성함.	1점
	완성한 문장이 없음.	0점
Accuracy	문법상의 오류가 없음.	5점
	문법상의 오류가 1~2개 있음.	4점
	문법상의 오류가 3개 있음.	3점
	문법상의 오류가 4개 있음.	1점
	문법상의 오류가 5개 이상 있음.	0점

Chapter 04 | 분사

Unit 09 | Practice Test
p. 35

A ④

B 1. Turning around　2. keeping her championship title　3. Because[As] he ate too much

B-1 Being late

C 1. Picking　2. listening to　3. Coming to the party

D 1. Having seen the movie before, 전에 그 영화를 본 적이 있어서　2. reading a book, 책을 읽으면서　3. Admitting that you are right, 네가 옳다는 것은 인정하지만

A_ As[Because] he worked too hard를 분사구문으로 바꾼 문장이다.

B_ 1, 2. 분사구문 만들기 : 접속사 생략 → 주절의 주어와 같은 주어는 생략하고 다른 주어는 그대로 둔다 → 동사를 현재분사로 바꾼다

3. 부사절로 바꾸기 : 문맥에 맞는 접속사 넣기 → 분사의 주어가 없을 경우 주절의 주어를 그대로 쓰기 → 현재분사를 시제에 맞게 동사로 바꾸기

C_ 분사구문에서는 분사가 접속사와 동사의 역할을 동시에 한다.
1. After she picked up the phone
2. as I listened to the radio
3. If you come to the party

D_ 분사구문은 이유, 시간, 양보, 조건, 동시동작, 연속동작 등의 의미를 나타낸다. 1. 이유　2. 동시동작　3. 양보　4. 이유

Unit 10 | Practice Test
p. 37

A 1. Not listening　2. Having been treated　3. Built

B ②

C 1. Not having seen her
2. (Being) Excited about the news
3. As[Because] it was[had been] broken
4. When it is seen from a distance

C-1 not having seen him for years

D 1. 하루 종일 피곤해서　2. 쉬운 영어로 써져서　3. 숙제를 하지 않아서　4. 비록 많은 사람들에게 알려져 있지는 않지만

A_ 1. 분사구문의 부정은 분사 앞에 not이나 never를 쓴다.
2. As she had been treated like a child를 분사구문으로 바꾼 것이다.
3. 수동형 분사구문에서 Being은 생략할 수 있다. → As it was built a year ago

B_ 의미를 명확하게 하기 위해 시간의 접속사 while을 남겨 놓은 분사구문이다.

C_ 1. 분사구문의 부정은 분사 앞에 부정어를 둔다.
2. 수동형 분사구문에서 Being은 생략할 수 있다.
3. 과거분사로 시작하는 분사구문은 앞에 Having been이나 Being이 생략된 수동형 분사구문이다.
4. 분사구문의 의미를 명확히 하기 위해 분사 앞에 접속사를 남겨둘 수 있다.

D_ 분사구문은 이유, 시간, 양보, 조건, 동시동작, 연속동작 등의 의미를 나타낸다.
1, 3. 분사구문의 내용이 주절보다 이전에 일어난 경우이다.
2. Being이 생략된 수동형 분사구문이다.
4. 양보의 의미를 명확히 하기 위해 접속사를 남겨 놓은 경우이다.

Unit 11 | Practice Test　　　　　　p. 39

A 1. Frankly speaking　　2. It being Monday

　3. The elevator being out of order 또는 As the elevator was out of order

B ③

C 1. Today being a holiday　2. with his eyes closed

　3. with her arms broken　4. The river being cold

D 1. Judging from　2. The night coming

　3. with, running

A_ 1. 솔직히 말해서 : Frankly speaking

　2. 독립 분사구문 : 부사절의 주어는 비인칭 주어 it이고 주절의 주어는 the museum이므로 분사 앞에 it을 써 주어야 한다.

　3. 두 문장이 접속사 없이 연결될 수 없으므로 접속사를 쓰거나 분사구문으로 바꿔야 한다.

B_ weather permitting은 '날씨가 좋으면'이라는 뜻이다.

C_ 1, 4. 독립 분사구문 : 부사절의 주어와 주절의 주어가 일치하지 않을 경우, 분사 앞에 주어를 써 준다.

　2, 3. with+목적어+과거분사 : 목적어와 목적격보어의 관계가 수동

D_ 1. judging from : ~로 판단하면

　2. 주절의 주어 we와 부사절의 주어 the night가 일치하지 않으므로 분사 앞에 the night를 써 준다. (독립 분사구문)

　3. with+목적어+현재분사 : 목적어와 목적격보어의 관계가 능동

Review Test　　　　　　p. 40

01 Opening the door　**02** ③　**03** ①　**04** ⑤
05 crossed　**06** ③　**07** Judging from　**08** Generally speaking　**09** Having finished　**10** ②　**11** ②　**12** ①, ⑤　**13** (A) being (B) Feeling (C) Not being

서술형　**14** (1) Finishing my science homework in the morning (2) It being sunny (3) (While) Coming home (4) (Being) Very tired

---

01 두 문장의 주어와 시제가 같으므로 현재분사(동사원형+-ing)로 시작하는 분사구문으로 나타낸다.

02 After he bought a new pen을 접속사를 남기고 분사구문으로 바꾼 것이다.

03 Being[Having been]이 생략된 분사구문이다.

04 수동형 분사구문이므로 Having이 아닌 Being으로 써야 한다.

---

05 「with+목적어+목적격보어」에서 목적어와 목적격보어의 관계가 수동이므로 목적격보어는 과거분사가 되어야 한다.

06 ① ridden → riding　② Talked → Talking
　④ brushing → brushed　⑤ Seeing → Seen

07 judging from : ~로 판단하면 (비인칭 독립 분사구문)

08 generally speaking : 일반적으로 말해서 (비인칭 독립 분사구문)

09 부사절의 시제가 주절보다 앞선 경우 분사구문은 「Having+과거분사」의 형태이다.

10 ② 분사구문이 된 부사절과 주절의 주어가 다른 독립 분사구문이므로 분사 앞에 It을 써야 한다.

11 ② 주절이 과거 시제이므로 부사절의 동사 am을 was로 고쳐야 한다.

12 해석 | 어느 날, 아기 늑대들이 해변에서 놀고 있는 동안, 그들은 작은 배 한 척을 발견했다. 그 배가 궁금해서, 그들은 그 배에 올라탔다. 그들이 배 위에서 놀고 있는 동안, 배는 바다로 쓸려갔다. 그들은 겁이 났다. 그들은 울었다. 그들의 엄마와 아빠는 물로 달려 내려왔다. 그들은 빠르게 그 배로 수영을 해서 배에 올랐다.

　이유를 나타내는 접속사를 이용하여 절로 표현하거나, 접속사와 주어를 생략하고 동사원형에 -ing를 붙인 분사구문으로 쓴다.

13 (c) 분사구문의 부정은 분사 앞에 not[never]을 붙인다.

서술형

14

평가 영역	채점 기준	배점
Fluency	4개의 문장을 모두 완성함.	4점
	3개의 문장을 완성함.	3점
	2개의 문장을 완성함.	2점
	1개의 문장을 완성함.	1점
	완성한 문장이 없음.	0점
Accuracy	문법상의 오류가 없음.	4점
	문법상의 오류가 1개 있음.	3점
	문법상의 오류가 2개 있음.	2점
	문법상의 오류가 3개 있음.	1점
	문법상의 오류가 4개 이상 있음.	0점

Chapter 05 | 시제

Unit 12 | **Practice Test** p. 45

A 1. has worked 2. read 3. visited
B 1. has gone to 2. has been to 3. has gone
C have used
D 1. has won 2. has been fixing
 3. has been studying 4. has been

A 1. '~이래로, 이후로'의 의미를 나타내는 since가 부사구나 부사절을 이끄는 경우, 주절에는 현재완료 시제가 온다.
 2, 3. 과거를 나타내는 부사구 last month, two weeks ago가 있으므로 과거 시제를 쓴다.
B 1, 3. have gone to : ~에 가 버리고 없다 (결과)
 2. have been to : ~에 가 본 적이 있다 (경험)
C 과거부터 현재까지 계속 사용하고 있는 것이므로 현재완료를 써야 한다.
D 1. 과거 일정 시점부터 현재까지의 경험을 나타내므로 현재완료를 써야 한다.
 2, 3. 과거 일정 시점에서 시작하여 현재에도 계속되고 있는 상황이므로 현재완료 진행시제를 써야 한다.
 4. 과거의 상태가 현재까지 계속되고 있으므로 현재완료를 써야 한다.

Unit 13 | **Practice Test** p. 47

A 1. had met 2. will have lived 3. had bought
 4. had been
B ③
C 1. ③ 2. ④
C-1 ④
D 1. had already started 2. had left
 3. had never watched

A 1. 생각한 시점(과거)보다 전에(before) 만난 것이므로 과거완료를 써야 한다.
 2. 미래 일정 시점(next year)까지 계속되는 것이므로 미래완료를 써야 한다.
 3. 우편엽서를 보여 준 것보다 산 것이 먼저이므로 대과거를 써야 한다.
 4. 그를 만난 과거 시점 이전부터 죽 아팠으므로 과거완료를 써야 한다.
B 도착한 시점은 과거이고 문은 그 전에 닫혔으므로,「had+과거분사」를 써야 한다.

C 1. 전화하기 이전에 이미 잠자리에 들었으므로「had+과거분사」를 쓴다.
 2. 2000년에서 2005년까지 과거 일정 기간 동안 살았으므로 계속적 용법의 과거완료를 쓴다.
D 과거보다 더 이전의 일을 나타낼 때는「had+과거분사」를 쓰고, already나 never는 had와 과거분사 사이에 쓴다.

Review Test p. 48

01 ② **02** Have, been **03** have been swimming
04 had begun **05** will have been to **06** ⑤ **07** ②
08 ③ **09** ③ **10** gone → been **11** ② **12** have known **13** ② **14** have been playing **15** ④
16 Have you (ever) been **17** have heard **18** Have you ever wondered how the rides work? **19** ④
20 hungry
서술형 **21** gave, had given, am reading, will lend
22 (2) A : Had Sarah fed the dog? B : Yes, she had fed it. (3) A : Had Sarah visited her grandparents?
B : No, she had not visited them. (4) A : Had Sarah cleaned her room? B : No, she had not cleaned it.
(5) A : Had Sarah paid the gas bill? B : No, she had not paid it. (6) A : Had Sarah done the ironing?
B : Yes, she had done it.

---

01 ① 완료 ② 계속 ③ 경험 ④ 경험 ⑤ 결과
02 have been to : ~에 가 본 적이 있다
03 한 시간 전부터 현재까지 수영을 하고 있으므로 have been -ing의 현재완료 진행형으로 나타낸다.
04 공연장에 들어간 시점(과거)보다 공연이 더 먼저 시작됐으므로「had+과거분사」로 나타낸다.
05 미래 어떤 때까지의 경험을 나타내므로 미래완료 시제를 써야 한다.
06 ⑤ 의문사 when은 현재완료와 함께 쓰지 못하므로 have you seen을 did you see로 고친다.
07 have gone to : ~에 가 버렸다 (그래서 여기에 없다)
08 기간을 묻는 질문에 대한 응답을 찾는다.

since가 있는 시간의 부사절은 과거 시제로, 주절은 현재완료 시제로 표현한다.

10 have gone to : ~에 가 버렸다(그래서 지금 여기에 없다)
have been to : ~에 가 본 적이 있다

11 ②는 과거완료 결과 용법, 나머지는 완료 용법

12 현재완료의 계속 용법

13 ① ago가 있으므로 과거형 (→ finished) ③ know는 진행형 불가 동사 (→ has known) ④ 과거완료이므로 (→ had never seen) ⑤ 미래완료이므로 (→ will have prepared)

14 현재완료 진행형, 오늘 오후(과거)부터 지금까지 하고 있다는 동작의 계속을 강조한다.

15 현재완료 진행형으로 ④ are는 have been이 되어야 한다.

16 과거부터 현재까지의 경험은 현재완료로 나타낸다. have been to : ~에 가 본 적이 있다. (경험)

17 경험을 나타내는 현재완료로 표현한다.

18 해석 | 여러분은 놀이공원에서 스릴 있는 놀이기구를 정말 좋아한다. 그렇지 않은가? 여러분은 겁을 먹고 비명을 지른다. 하지만 여러분은 놀이기구를 즐기기 때문에 그에 대해 비용을 낸다. 여러분은 그 놀이기구들이 어떻게 작동하는지 궁금해한 적이 있는가?
경험을 나타내는 현재완료의 의문문이므로 「Have you ever+과거분사 ~?」의 어순으로 배열한다.

[19~20] 해석 | 겨울이 다시 돌아왔고 이번에는 끔찍했다. 여름과 가을 동안, 그 동물들이 대부분의 식물을 이미 먹어버린 것이었다. 그 토끼들은 배가 고팠다. 여우와 쥐, 올빼미들도 마찬가지였다. 심지어 사슴도 배가 고팠다. 그 섬에 있는 모든 동물들이 배가 고팠다.

19 겨울이 오기 전에 이미 먹은 것이므로 과거완료(had+과거분사)로 표현한다.

20 밑줄 친 @는 '여우와 쥐, 올빼미들도 마찬가지였다.'라는 뜻이므로 빈칸에는 앞 문장의 hungry가 들어가는 것이 알맞다.

서술형

21

평가 영역	채점 기준	배점
	4개의 문장을 올바른 시제를 사용하여 모두 완성함.	4점
	3개의 문장을 올바른 시제를 사용하여 완성함.	3점
Accuracy	2개의 문장을 올바른 시제를 사용하여 완성함.	2점
	1개의 문장을 올바른 시제를 사용하여 완성함.	1점
	올바른 시제를 사용하여 완성한 문장이 없음.	0점

22

평가 영역	채점 기준	배점
	5개의 대화를 모두 완성함.	5점
	4개의 대화를 완성함.	4점
Fluency	3개의 대화를 완성함.	3점
	2개의 대화를 완성함.	2점
	1개의 대화를 완성함.	1점
	완성한 대화가 없음.	0점
	문법상의 오류가 없음.	5점
	문법상의 오류가 1~2개 있음.	4점
Accuracy	문법상의 오류가 3개 있음.	3점
	문법상의 오류가 4개 있음.	1점
	문법상의 오류가 5개 이상 있음.	0점

Chapter 06 | 수동태

Unit 14 | Practice Test
p. 53

A 1. was chosen　　2. stole　　3. is being fixed
　4. can be seen
A-1 are being built
B 1. was killed　　2. was found
　3. will be arrested
C 1. Her first novel has been finished by Mary.
　2. The room has not been cleaned by them.
　3. A birthday cake is being baked by Kelly.
　4. A lot of our household waste can be recycled (by us).
D 1. ④　　2. ③

A_ 1. 주어인 John이 선택되는 수동의 의미이다.
　2. 주어인 Somebody가 훔치는 능동의 의미이다.
　3. 진행형 수동태 : be동사+being+과거분사
　4. 주어인 많은 별들이 보이는 수동의 의미이다.
B_ 1. 수동태 : be동사+과거분사
　2. found-founded-founded (설립하다, 세우다)
　　find-found-found (발견하다)
　3. 조동사+be+과거분사
C_ 1, 2. 현재완료 수동태 : have[has]+been+과거분사
　3. 진행형 수동태 : be동사+being+과거분사
　4. 조동사의 수동태 : 조동사+be+과거분사
D_ 1. 조동사의 수동태는 조동사 뒤에 「be+과거분사」를 쓴다.
　2. 진행 시제인 수동태는 「be동사+being+과거분사」의 형태로 쓴다.

Unit 15 | Practice Test
p. 55

A 1. seen breaking　　2. be heard to sing
　3. made to laugh
B ④
B-1 ①
C 1. was given a box　　2. are made to wear
D 1. were given (to) her by her husband, was given the shoes by her husband
　2. was given (to) him by a waiter, was given the food by a waiter
　3. I was made to return the money by him.
　4. He will be elected president by them.

A　1. 지각동사의 목적격보어로 쓰인 현재분사는 수동태에서 형태가 바뀌지 않는다.

　　2, 3. 지각동사나 사역동사 make의 목적격보어로 쓰인 원형부정사는 수동태에서 to부정사로 바뀐다.

B　사역동사 make의 목적격보어로 쓰인 원형부정사는 수동태 문장에서 to부정사로 바뀐다.

C　1. 4형식 문장의 수동태 : be동사+given+직접목적어

　　2. 5형식 문장의 수동태 : be동사+made(사역동사)+to부정사

D　1, 2. give가 있는 4형식 문장에서는 직접목적어를 주어로 하는 수동태 문장에서 간접목적어 앞에 to를 쓰지만 생략하기도 한다.

　　3. 사역동사 make가 있는 5형식 문장의 수동태에서는 목적격보어였던 원형부정사가 to부정사로 바뀐다.

　　4. 5형식 문장은 목적어를 주어로 하는 수동태로 바꿀 수 있고, 이때 목적격보어는 주격보어가 된다.

Unit 16 | Practice Test
p. 57

A 1. ⑤　　2. ⑤　　3. ④

B 1. broken into　　2. taken care of

　　3. run over　　4. picked up

C ④

D 1. I was surprised at the news.

　　2. Mary was interested in soccer.

　　3. Tony was looked after by his brother.

A　1. be filled with : ~으로 가득 차다

　　2. be known for : ~으로 유명하다

　　3. be surprised at : ~에 놀라다

B　능동태를 수동태로 바꿀 때 동사구는 하나의 동사처럼 취급한다.

C　be married to : ~와 결혼하다

D　1, 2. surprise, interest 등은 수동태 문장에서 by 이외의 전치사(at, in)를 사용한다.

　　3. look after는 수동태로 만들 때 하나의 동사로 취급한다.

Review Test
p. 58

01 predict → be predicted　**02** laughed → laughed at　**03** with　**04** will be taken care of (by us)　**05** were bought for her children　**06** be seen　**07** ①　**08** ④　**09** ④　**10** ②　**11** ④　**12** ④　**13** ②　**14** were given (to)　**15** (A) from (B) are added　**16** ⑤　**17** A letter has to be written　**18** The woman's portrait has been painted　**19** ⑤　**20** ③　**21** ⑤

서술형　**22** (1) When some water was given (to) the dog by her　(2) When the dog was given some water by her　**23** (3) wants to see *The Lord of the Rings*　(4) was directed by Peter Jackson　(5) wants to read *Harry Potter*　(6) was written by J. K. Rowling

---

01 조동사의 수동태 구문은 「조동사+be+과거분사」로 쓴다.

02 동사구 laugh at(~를 비웃다)은 하나의 동사로 취급한다.

03 be covered with : ~로 덮여 있다
be filled with : ~로 가득 차다

04 수동태 문장에서 동사구는 하나의 동사처럼 간주한다.

05 buy는 직접목적어를 주어로 하는 수동태에서 간접목적어 앞에 for를 쓰는 동사이다.

06 조동사의 수동태는 「can+be+과거분사」로 쓴다.

07 be known to : ~에게 알려지다, be known for : ~로 유명하다, be known by : ~으로 판단되다

08 현재완료형 수동태는 「have[has]+been+과거분사」로 쓴다.

09 사역동사 make의 목적격보어인 원형부정사는 수동태 문장에서 to부정사로 바뀐다.

10 현재진행형의 수동태는 be동사+being+과거분사

11 ④ 조동사 뒤에 동사구가 온 수동태 문장으로 should be turned off로 써야 한다.

12 The story가 사랑을 받아 오고 있다는 수동의 의미이므로 현재완료 수동태 has been loved로 써야 한다.

13 ② 주어 It이 begin의 주체가 되는 말이므로 능동태로 써야 한다. was begun → began

14 직접목적어가 주어로 나온 수동태 문장으로 간접목적어 앞의 전치사 to는 생략할 수 있다.

15 (A) be made from+원료 : ~로 만들어지다
(B) '추가되는'이라는 뜻이 되어야 하므로 수동의 관계

16 현재완료 수동태는 「have[has]+been+과거분사」로 나타낸다.

17 a letter를 주어로 하는 수동태 문장이며, 조동사 have to를 has to로 바꾸는 것에 유의한다.

18 현재완료형 수동태는 「have[has]+been+과거분사」로 쓴다.

19 조동사의 수동태는 「조동사+be+과거분사」의 형태로 나타낸다.
① eat → eaten ② cleaning → cleaned ③ broke → broken ④ been → be

[20~21] 해석 | 한국 문화를 보존하기 위한 간송의 노력에 대해 많은 이야기가 있다. 1935년의 어느 날, 간송은 고려청자가 일본인 수집

가에게 천 원에 팔렸다는 것을 들었다.

　간송은 그 수집가에게 가서 청자 가격으로 2만원을 냈다. 간송이 한 일에 모두가 놀랐다. 그 당시에는 2만원으로 20채의 집을 살 수 있었다.

20 모두가 간송이 한 일에 대해 놀랐다고 했으므로, 그 앞에 간송이 한 일, 즉 청자 가격으로 2만원을 낸 일이 들어가야 한다.

21 주어인 고려청자가 '팔린' 상황이므로 수동태로 써야 하며, 주절의 동사가 과거이므로 be동사는 과거 시제로 쓴다.

22 해석 | 그녀가 집에 돌아오는 길에 그녀는 작은 개가 물을 찾아 울고 있는 것을 봤다. 그녀가 그 개에게 약간의 물을 주었을 때, 그녀의 오래된 국자는 은으로 바뀌었고 달처럼 빛나고 있었다. 그리고 나서 그녀는 한 노인이 갈증으로 죽어가고 있는 것을 보았고 또 그에게 약간의 물을 주었다. 이제 그녀의 국자는 금으로 변했고 태양처럼 빛나고 있었다.

서술형

22	평가 영역	채점 기준	배점
	Fluency	2개의 수동태를 모두 완성함.	4점
		1개의 수동태를 완성함.	2점
		완성한 문장이 없음.	0점
	Accuracy	문법상의 오류가 없음.	4점
		「be동사+과거분사」의 구조는 오류가 없으나 철자나 시제에 오류가 있음.	3점
		「be동사+과거분사」의 구조에 오류가 있음.	0점

23	평가 영역	채점 기준	배점
	Fluency	4개의 문장을 모두 완성함.	4점
		3개의 문장을 완성함.	3점
		2개의 문장을 완성함.	2점
		1개의 문장을 완성함.	1점
		완성한 문장이 없음.	0점
	Accuracy	문법상의 오류가 없음.	4점
		문법상의 오류가 1개 있음.	3점
		문법상의 오류가 2개 있음.	2점
		문법상의 오류가 3개 있음.	1점
		문법상의 오류가 4개 이상 있음.	0점

Chapter 07 | 조동사

Unit 17 | Practice Test
p. 63

A 1. must　2. have[need] to　3. cannot
B 1. will be able to　2. will have to, had to
C 1. 내가 여기에 가방을 두어도 되나요?
　2. 그는 4개 국어를 말할 수 있다.
　3. 그는 숙제를 하고 있을지도 모른다.
　4. 너는 입에 음식을 가득 넣은 채로 말해서는 안 된다.
C-1 1. 너는 컴퓨터 게임을 해도 좋아.
　2. 그는 틀림없이 그 팀의 주장일 것이다.
D ④

A_ 1. must : ~임에 틀림없다(강한 추측)
　2. don't have to : ~할 필요가 없다(= don't need to, 조동
need not)
　3. cannot be : ~일 리가 없다(강한 부정적 추측)
B_ 1. 조동사를 두 개 나란히 쓸 수 없고 can은 미래형이 없으므로 b
able to로 바꿔 쓴다.
　2. must는 미래형이나 과거형이 없으므로 have to로 바꿔 시제
표현한다.
C_ 1. can : ~해도 좋다(허락의 의미)
　2. can : ~할 수 있다(능력의 의미)
　3. may : ~일지도 모른다(약한 추측의 의미)
　4. must not : ~해서는 안 된다(금지)
D_ will can을 쓸 수 없으므로 can을 be able to로 고쳐 쓴다.

Unit 18 | Practice Test
p. 65

A 1. have → had　2. drinking → drink
　3. living → live　4. would → used to
B ②
C 1. would rather, than　2. used to
C-1 had better not
D 1. ⑤　2. ④

A_ 1. ~하는 것이 낫다 : had better
　2. ~하지 않는 것이 낫다 : had better not+동사원형
　3. 차라리 ~하는 편이 낫다 : would rather+동사원형
　4. used to : ~이었다(과거의 상태)
B_ had better not+동사원형 : ~하지 않는 게 낫다

C_ 1. would rather ~ than ... : …하느니 차라리 ~하는 게 낫다

2. used to : ~하곤 했다(과거의 습관)

D_ 1. had better : ~하는 것이 좋겠다(충고)

2. would rather : 차라리 ~하는 게 낫다(선택)

Unit 19 | Practice Test
p. 67

A 1. study → studied   2. be → been

   3. has → have

B 1. ①   2. ②

C 1. should not have eaten   2. cannot have read

   3. must have practiced

D ②

A_ 1. should have+과거분사 : ~했어야 했다

2. may have+과거분사 : ~했을지도 모른다

3. must have+과거분사 : ~했음에 틀림없다

B_ 1. 과거 하지 않았던 일에 대한 후회 : should have+과거분사

2. 과거 사실에 대한 강한 추측 : must have+과거분사

C_ 1. should not have+과거분사 : ~하지 말았어야 했다(과거 사실에 대한 후회)

2. cannot have+과거분사 : ~했을 리가 없다(과거 사실에 대한 강한 부정적 추측)

3. must have+과거분사 : ~했음에 틀림없다(과거 사실에 대한 강한 추측)

D_ 과거 사실에 대한 약한 추측 : may have+과거분사

Review Test
p. 68

01 ①   02 ②   03 ③   04 ⑤   05 playing → play

06 ③   07 should   08 would rather, than

09 (A) should (B) may   10 ③   11 ③   12 must

13 will be able to get the results soon

서술형 14 (2) have to   (3) should have been

(4) must have been

---

01 would rather not : 차라리 ~하지 않겠다

02 should have+과거분사 : 과거 사실에 대한 후회

---

03 오랫동안 보지 못했다고 했으므로 '떠났음에 틀림없다' 라는 표현이 올 수 있다. for ages : 오랫동안

must have+과거분사 : 과거 사실에 대한 강한 추측

04 should not have+과거분사 : ~하지 말았어야 했는데 (사실은 ~했다)

05 used to+동사원형 : ~하곤 했다(과거의 습관이나 상태)

06 ③의 may는 허락의 의미, 나머지는 약한 추측의 의미이다.

07 should는 '~하는 것이 좋겠다' 는 의무와 충고의 뜻이 있다. 또한 「should have+과거분사」는 '~했어야 했는데' 라는 뜻으로 과거 사실에 대한 후회를 나타낸다.

08 would rather A than B : B하느니 차라리 A하겠다

09 해석 | 나는 여기서 즐거운 시간을 보내고 있어. 너도 여기에 왔어야 했는데. 지난주에 나는 동물원에 갔어. 거기서 나는 코알라를 만지고 함께 놀 수 있었어. 나는 코알라의 사진을 찍었어. 너는 다음 주에 그 사진들을 볼 수 있을 거야. 도착하면 너에게 전화할게.

(A) 너는 이곳에 왔어야 했는데. (should have+과거분사)

(B) 너는 다음 주에 그것들을 볼 수 있을 거야. (may ~일지도 모른다 : 약한 추측)

[10~11] 해석 | "할아버지, 왜 할아버지의 집을 그리워하세요?"

"윤지야, 나는 그 집 자체를 그리워하는 게 아니라 그 안의 기억들을 그리워하는 거란다. 너희 할머니와 나는 매일 그 집을 청소했지. 너희 아빠가 그곳에서 자랐어. 나는 그곳에서 내 인생의 많은 멋진 순간들을 보냈단다. 그 집에서 사는 것은 그 기억들과 함께 사는 것이었어."

10 조동사 used to 뒤에는 동사원형을 써야 한다.

11 윤지의 아버지가 할아버지의 집에서 자랐다고 했으며, 윤지가 그곳에서 자랐다는 언급은 없다.

12 must have p.p. : ~했음에 틀림없다

13 조동사 can은 will be able to로 미래를 나타낸다.

서술형

14

평가 영역	채점 기준	배점
Accuracy	3개의 문장을 올바른 표현을 사용하여 모두 완성함.	3점
	2개의 문장을 올바른 표현을 사용하여 완성함.	2점
	1개의 문장을 올바른 표현을 사용하여 완성함.	1점
	올바른 표현을 사용하여 완성한 문장이 없음.	0점

Chapter 08 | 가정법

Unit 20 | **Practice Test**   p. 73

A 1. were, could   2. had, would

    3. would have played, had been

B 1. were나 was   2. had

    3. would not have made

C 1. 내가 너라면   2. 내가 열심히 일하지 않았더라면

C-1 네가 좀 더 조심했더라면

D 1. had not rained

    2. she were[was], could propose

A 1, 2. 가정법 과거 : If+주어+동사의 과거형, 주어+조동사의 과거형+동사원형(현재 사실에 반대되는 일을 가정)

    3. 가정법 과거완료 : If+주어+had+과거분사, 주어+조동사의 과거형+have+과거분사(과거 사실에 반대되는 일을 가정)

B 1. 가정법 과거 : if절에서 be동사는 인칭, 수에 관계없이 were를 쓰는 것이 원칙이나 주어가 1인칭 단수일 때는 was를 쓰기도 한다.

    2. 가정법 과거이므로 동사의 과거형이 와야 한다.

    3. 가정법 과거완료이므로 주절에 「조동사의 과거형+have+과거분사」가 와야 한다.

C 가정법 과거와 가정법 과거완료에서 if가 생략되면 주어와 동사가 도치된다.

D 1. 과거 사실에 반대되는 가정이므로 가정법 과거완료를 써야 한다.

    2. 현재 사실에 반대되는 가정이므로 가정법 과거를 써야 한다.

Unit 21 | **Practice Test**   p. 75

A 1. were   2. had bought   3. were

    4. had been   5. would   6. would have failed

B 1. were[was]   2. had

C 1. could have sent   2. Without

C-1 had been

D 1. can → could   2. knew → had known

A 1. 현재 사실과 반대되는 소망 : I wish+가정법 과거

    2. 과거 사실과 반대되는 소망 : I wish+가정법 과거완료

    3. 현재 사실과 반대 : as if+가정법 과거

    4. for a long time으로 보아 과거 사실과 반대 : 가정법 과거완료

    5, 6. but for와 without 다음에는 가정법 과거(조동사의 과거형+동사원형)나 과거완료(조동사의 과거형+have+p.p.)가 온다.

B 1. I wish+가정법 과거 : 현재 사실에 대한 아쉬움

    2. 과거 사실에 대한 반대를 나타내므로 as if 다음에는 「had+과거분사」가 온다.

C 1. 가정법 과거완료 : If+주어+had+과거분사, 주어+조동사의 과거형+have+과거분사

    2. without은 가정법 과거완료와 함께 쓰여 '~이 없었더라면'의 의미를 나타낸다.

D 1. 가정법 과거 : 주절에 「조동사의 과거형+동사원형」이 온다.

    2. then(그 때)이 있으므로 as if+가정법 과거완료(as if+주어+had+과거분사)가 와야 한다.

Review Test   p. 76

01 had had, could have taken   **02** Without   **03** had chosen   **04** were   **05** ②   **06** ④   **07** ②   **08** ⑤   **09** ④   **10** ⑤   **11** ③   **12** Had you arrived late, you couldn't have taken the plane.   **13** ①   **14** had been   **15** would not have made   **16** he were[was] angry with her   **17** could   **18** ④   **19** were   **20** ④

서술형 **21** (1) If I studied medicine, I would become a doctor.   (2) If I became a doctor, I would work for Doctors Without Borders.   (3) If I worked for Doctors Without Borders, I would travel around the world.   (4) If I traveled around the world, I would treat sick people in other countries.

22 (2) If I had taken medicine, I would have felt better.   (3) I could go to see a doctor

01 then으로 보아 가정법 과거완료이다. 조건절은 「had+과거분사」로, 주절은 「could have+과거분사」로 나타낸다.

02 If it had not been for = Without, But for

03 과거(at that time 그때)에 하지 못한 일에 대한 아쉬움을 표현할 때는 「I wish+가정법 과거완료」로 나타낸다.

04 가정법 과거의 조건절 동사가 be동사일 경우 were[was]가 온다.

05 주절이 가정법 과거이므로 조건절에는 were[was]가 알맞다.

06 주절의 could win으로 보아 가정법 과거로 나타낸다.

07 주절의 would you do로 보아 가정법 과거 문장이므로 조건절에는 동사의 과거형이 와야 한다.

08 ① can → could ② was → had been ③ have → had ④ worked → had worked

09 ④ 주절이 가정법 과거완료이므로 have told → had told

10 '만났더라면'으로 보아 과거 사실에 반대되는 소망이므로 「I wish+가정법 과거완료」로 나타낸다.

11 as if+가정법 과거

12 If를 생략하면 조동사 had와 주어 you가 도치된다.

13 주절의 would be로 보아 현재 사실에 반대되는 내용을 가정하는 가정법 과거이므로 ① don't use → didn't use

14 주절이 가정법 과거완료이므로 조건절에는 「had+과거분사」로 쓴다.

15 가정법 과거완료 문장이다. 주절의 조동사는 문맥상 would를 써야 한다.

16 「as if+가정법 과거(주어+동사의 과거형)」이므로 be동사는 were[was]가 와야 한다.

[17~18] 해석 | 3일째

우리는 태하 등대를 방문하기 위해 아침 일찍 일어났다. 내가 그곳에 도착했을 때, 나는 마치 하늘에 닿을 수 있을 것처럼 느껴졌다. 등대에서 나는 높은 절벽, 기괴한 바위들과 아름다운 푸른 바다와 같은 울릉도의 얼굴을 볼 수 있었다.

우리는 도동항으로 돌아와 울릉도에 작별 인사를 했다. 나는 떠나게 되어서 슬펐다. 바닷새는 마치 내가 어떤 기분인지 이해하는 것처럼 나를 쳐다보았다. 그 섬에 대한 내 기억은 영원히 내 마음속에 머무를 것이다.

17 「as if+가정법 과거(마치 ~인 것처럼)」 구문이므로 조동사 can의 과거형인 could를 써야 한다.

18 「as if+주어+동사의 과거형+목적어(의문사+주어+동사)」의 순서로 배열한다.

[19~20] 해석 | 사람들이 'Free Fall(자유 낙하)'을 탈 때 차량은 높은 탑의 꼭대기로 이동된다. 곧 그것은 꼭대기로부터 매우 빠른 속도로 떨어진다. 만약 그 차의 속도를 늦출 것이 아무것도 없다면, 그것은 부서질 것이다. 사실은 강한 자석이 그 차의 속도를 늦추는 데 이용된다. 그래서 그 차는 안전하게 정류장까지 온다.

19 가정법 과거 구문에서 주절의 be동사는 인칭·수에 관계없이 were를 쓴다.

20 '강력한 자석이 사용된다'라는 뜻이므로 수동태를 쓴다. 주어가 복수형이고 시제가 현재이므로 are used를 쓴다.

서술형

21

평가 영역	채점 기준	배점
Fluency	4개의 문장을 모두 완성함.	4점
	3개의 문장을 완성함.	3점
	2개의 문장을 완성함.	2점
	1개의 문장을 완성함.	1점
	완성한 문장이 없음.	0점
Accuracy	문법상의 오류가 없음.	4점
	문법상의 오류가 1~2개 있음.	3점
	문법상의 오류가 3개 있음.	2점
	문법상의 오류가 4개 이상 있음.	0점

22

평가 영역	채점 기준	배점
Fluency	2개의 문장을 모두 완성함.	2점
	1개의 문장을 완성함.	1점
	완성한 문장이 없음.	0점
Accuracy	문법상의 오류 없음.	2점
	문법상의 오류가 1개 있음.	1점
	문법상의 오류가 2개 이상 있음.	0점

Chapter 09 | 관계사

Unit 22 | **Practice Test**   p. 81

A 1. who   **2.** whose   **3.** what   **4.** which
   5. that

B 1. which → who[that]   **2.** is → are   **3.** carrying
→ carried   **4.** The thing what → What 또는 what
→ which[that]

B-1 have → has

C 1. 내 아버지는 아내가 유명한 가수인 친구가 있다.
   2. 나이아가라 폭포에서 흐르는 물은 4개의 큰 호수로부터 온다.
   3. 내가 10년 전에 방문했던 그 도시는 작년에 끔찍한 지진이 났다.
   4. 내가 원하는 것은 오늘 그 일을 끝내는 것이다.

D 1. whose mother tongue is not English.
   2. You must always try to do what is right.

A_ 1. 선행사가 사람인 주격 관계대명사
   2. 선행사가 사람인 소유격 관계대명사
   3. 선행사를 포함한 관계대명사
   4, 5. 선행사가 사물인 목적격 관계대명사

B_ 1. 선행사가 사람이므로 관계대명사 who[that]를 써야 한다.
   2. who가 이끄는 관계대명사절의 수식을 받는 주어 The people
이 복수이므로 동사는 are를 써야 한다.
   3. '육지에서 바다로 운반된 쓰레기들' 이라는 수동의 의미이므로
(which are) carried가 되어야 한다.
   4. what은 선행사를 포함하고 있는 관계대명사이므로 선행사 the
thing과 함께 쓸 수 없다.

C_ 1. whose의 선행사는 a friend이다.
   2. that flows over Niagara Falls가 수식하는 The water가
주어, comes가 동사이다.
   3. which I visited ten years ago가 수식하는 The city가 주
어, had가 동사이다.
   4. What I want가 주어로, 선행사를 포함하는 관계대명사 what은
'~하는 것' 이라고 해석한다.

D_ 1. 소유격 관계대명사+명사
   2. '~하는 것' 이라고 해석하는 선행사를 포함한 관계대명사 what을
이용하여 문장을 만든다.

Unit 23 | **Practice Test**   p. 83

A 1. which   **2.** whom   **3.** which   **4.** who
   5. whose

B 1. to   **2.** about   **3.** to   **4.** from   **5.** for

C 1. which → in which 또는 live → live in   **2.** whom
→ about[to, with] whom 또는 talked → talked
about[to, with]   **3.** that → which 또는 at that the
child can type → that the child can type at

D 1. silent, which made me more upset   **2.** in which
this letter came 또는 which this letter came in

A_ 1. 선행사는 절(it would be done by March)이다.
   2. 선행사는 Molly로 seen의 목적어 역할을 하는 관계대명사가 와
야 한다.
   3. 선행사는 Bristol
   4. 선행사는 Sam
   5. 소유격 관계대명사+명사

B_ 1. He belongs **to** the club.
   2. I have never thought **about** the subject.
   3. You should send your résumé **to** the teacher.
   4. Rap music came **from** the place.
   5. She paid quite a lot **for** the new car.

C_ 1. I live **in** the town.
   2. Mr. Lee has talked **about**[to, with] the student.
   3. 관계대명사 that은 전치사 뒤에 올 수 없다.

D_ 1. 관계대명사 which는 앞 문장 전체를 받는다.
   2. 전치사 in은 관계대명사 which 앞이나 문장의 뒤에 올 수 있다.

Unit 24 | **Practice Test**   p. 85

A 1. where   **2.** how   **3.** why   **4.** day

B 1. the way   **2.** the time   **3.** the reason
   4. the place

C 1. the way나 how 중 하나만 쓴다.   **2.** in 삭제 또는
where → which   **3.** on 삭제 또는 when → which

C-1 which → why 또는 for which

D 1. The playground where I used to play
   2. the day when the Korean War broke out

A_ 1. 선행사가 장소인 관계부사
   2. '~하는 방법' 의 의미를 나타내는 관계부사
   3. 선행사가 이유인 관계부사
   4. 관계부사 when 앞에는 시간을 나타내는 선행사가 온다.

B 1. '네가 이 문제를 풀었던 방법' 의 의미를 나타내는 선행사가 필요하다.

2. 관계부사 when이므로 시간을 나타내는 선행사가 필요하다.

3. 관계부사 why이므로 이유를 나타내는 선행사가 필요하다.

4. 관계부사 where이므로 장소를 나타내는 선행사가 필요하다.

C 1. the way와 how는 같이 쓸 수 없고 둘 중 하나만 쓴다.

2, 3. 관계부사=전치사+관계대명사

D 1. 주어가 the playground이고 관계부사 where가 이끄는 절의 수식을 받는다.

2. 보어가 the day이고 관계부사 when이 이끄는 절이 the day를 수식한다.

Unit 25 | Practice Test   p. 87

A 1. whenever   2. Whatever

A-1 However fast he ran

B 1. whatever   2. however   3. whoever

4. Whoever   5. whenever

C 1. ②   2. ①   3. ③   4. ④

D 1. However hard you may try

2. Whoever visits the website

A 1. at any time (when) = whenever

2. no matter what = whatever

B 1. whatever happens : 무슨 일이 일어나든지

2. however cold it is : 아무리 추워도

3, 4. whoever(= anyone who) : ~하는 사람은 누구든지

5. whenever(= at any time when): ~할 때는 언제든지

C 1. no matter who they are

2. No matter how hungry you may be

3. No matter what I do

4. At any time when I find myself in trouble

D 1. however+형용사[부사]+주어+동사

2. 주격이므로 「whoever+동사+목적어」의 어순

Review Test   p. 88

01 ① **02** ④ **03** ④ **04** ② **05** ② **06** which

07 why **08** ① **09** I didn't like how he treated me.

10 Whatever **11** whose brother is a baker

12 where → which 또는 in 삭제 **13** that → which

14 which **15** ③ **16** ⑤ **17** ② **18** ⑤ **19** ④

20 recording

서술형 **21** (1) Wherever you go (2) However hard I (may) study (3) Whatever you say (4) Whenever I go out (5) However cold it is 또는 However cold it may be

22 (1) the day when they are supposed to have the meeting (2) the place where they will have the meeting (3) the reason why they are going to have the meeting

---

01 선행사가 사람이면서 주격인 관계대명사가 알맞다.

02 맥락상 관계대명사 how 또는 선행사 the way가 알맞다.

03 선행사를 포함하면서 문장에서 주어 역할을 하는 절을 이끄므로 관계대명사 what이 알맞다.

04 선행사를 포함하면서 주격인 관계대명사이므로 ② whom → who

05 ②는 의문사, 나머지는 관계대명사로 쓰인 what이다.

06 계속적 용법의 관계대명사 which가 앞 문장 전체를 선행사로 받는 경우이다.

07 선행사가 the reason이므로 관계부사 why가 알맞다.

08 선행사가 the day, the place이므로 각각 시간과 장소를 나타내는 관계부사가 알맞다.

09 방법을 나타내는 관계부사 how는 the way와 함께 쓸 수 없다.

10 '네가 무슨 일을 하든지'는 whatever you do이다.

11 「소유격 관계대명사 whose+명사+동사」의 어순으로 쓴다.

12 「전치사+관계대명사」는 관계부사로 바꿀 수 있다.

13 관계대명사 that 앞에는 전치사를 쓸 수 없다.

14 His new car, Violent films를 선행사로 받으면서 전치사 뒤에 올 수 있는 관계대명사는 which이다. he paid $45,000 for his new car, many people are hurt or killed in violent films

[15~16] 해석 | 당신은 '발명가' 라는 단어를 들을 때 마음에 무엇을 떠올립니까? 두꺼운 안경을 쓴 나이 든 남자나 여자인가요? 발명가들은 아이디어와 재능을 가진 당신과 같은 보통 사람들입니다. 그러나 발명가들은 그들의 창의적인 아이디어를 현실이 되게 합니다. 창의적인 발명가들에 대한 몇몇 이야기를 읽고 그들이 자신의 해결책에 어떻게 적용했는지 배워보세요. 시작해봅시다!

15 발명가들은 평범한 사람들이라는 내용 뒤에 '그러나 그들은 아이디어를 현실로 바꾼다' 라는 내용이 이어지는 것이 자연스럽다.

16 밑줄 친 that과 ⑤는 관계대명사이다. ①은 지시대명사, ②는 지시형용사, ③, ④는 접속사이다.

17 해석 | 나에게는 여동생이 있다. 그녀는 귀엽고 착하다. 그러나 나를 화나게 하는 것이 한 가지 있다. 그녀는 내 옷을 입는 것을 좋아한다! 선행사가 사물일 때 주격 관계대명사는 which나 that을 쓴다. 선행사가 one thing으로 사물이므로 ② that이 적절하다.

18 on the day는 시간을 가리키므로 이를 관계부사 when으로 바꾼 뒤, 선행사인 the day 뒤로 보내 문장을 연결한다.

[19~20] 해석 | 데카르트는 천장에 있는 파리를 보았다. 그것은 한 장소에 앉았다. 그는 그 위치를 확인했다. 그곳은 왼쪽에서 두 번째 선과 밑에서부터 다섯 번째 선이 만나는 곳이었다. 그는 (2, 5)라고 썼다. 파리는 날아서 다시 앉았다. 그는 교차하는 두 개의 선을 다시 확인하고 (6, 4)라고 썼다. 이런 식으로, 그는 파리가 앉는 곳을 매번 계속 기록했다.

19 주어 It은 the spot을 가리키는 대명사이며, 빈칸에는 보어로 '~하는 곳'이라는 말이 들어가야 하므로 장소를 나타내는 관계부사 where가 알맞다.

20 「keep+동명사 (계속 ~하다)」 구문이므로 동사 record는 동명사로 써야 한다.

서술형

21

평가 영역	채점 기준	배점
Fluency	5개의 문장을 모두 완성함.	5점
	4개의 문장을 완성함.	4점
	3개의 문장을 완성함.	3점
	2개의 문장을 완성함.	2점
	1개의 문장을 완성함.	1점
	완성한 문장이 없음.	0점
Accuracy	문법상의 오류가 없음.	5점
	문법상의 오류가 1개 있음.	4점
	문법상의 오류가 2개 있음.	3점
	문법상의 오류가 3개 있음.	2점
	문법상의 오류가 4개 이상 있음.	0점

22

평가 영역	채점 기준	배점
Fluency	3문제의 단어들을 모두 배열함.	3점
	2문제의 단어들을 배열함.	2점
	1문제의 단어들을 배열함.	1점
	단어를 바르게 배열한 문제가 없음.	0점
Accuracy	문법상의 오류가 없음.	3점
	문법상의 오류가 1개 있음.	2점
	문법상의 오류가 2개 있음.	1점
	문법상의 오류가 3개 이상 있음.	0점

Chapter 10 | 비교 구문

Unit 26 | Practice Test
p. 93

A 1. more polluted **2.** cheapest **3.** modern **4.** Diana's (dress) **5.** of
B 1. T **2.** T **3.** F **4.** F
C 1. ① **2.** ③
D 1. more, than **2.** not, fast **3.** tallest of

A_ 1. 비교급+than
2. the+최상급+in+장소
3. 열등비교 : less+원급+than
4. 비교 대상은 Mary's dress와 Diana's dress이다.
5. the+최상급+of+비교 대상(복수)

B_ 3. not 삭제
4. as old as → older than

C_ 1. latest : 최근의 (시간) last : 마지막의 (순서) ① → the last
2. the+최상급+in+장소. 비교급이 오려면 뒤에 「than+비교 대상」이 와야 한다. ③ → the most famous

D_ 1. A less+원급+than B = B 비교급+than A
2. 원급 비교의 부정 : not+as[so]+원급+as
3. 미나가 수미와 Ann보다 더 크므로 셋 중에서 가장 크다.

Unit 27 | Practice Test
p. 95

A 1. plays **2.** the fastest **3.** is **4.** the highest, higher
B 1. best **2.** smarter
C ③
D 1. better, any other **2.** No, more

A_ 1, 3. one of the+최상급+복수명사 : 가장 ~한 … 중 하나(단수 취급)
2. the+최상급+명사(+that)+주어+have ever+과거분사 : 지금까지 ~한 것 중에서 가장 …한
4. 「비교급+than any other+단수명사」는 최상급의 의미

B 1. the+최상급+명사 (+that)+주어+have ever+과거분사

2. 부정주어+as+원급+as = 비교급+than any other+단수명사(최상급의 의미)

C one of the+최상급+복수명사 : 가장 ~한 … 중 하나(단수 취급)
③ area → areas

D the+최상급 = 비교급+than any other+단수명사
= 부정주어+비교급+than

Unit 28 | Practice Test　　　　　p. 97

A 1. possible　　2. better　　3. much[even, far, a lot, still]

B 1. more and more　　2. as possible

C 1. The higher, the more　　2. as loudly as
3. more and more polluted

C-1 1. twice as many CDs as
2. The younger, the easier

D 1. the more impatient he became
2. half as much money as

A 1. as+원급+as possible : 가능한 한 ~한[하게]
2. the+비교급, the+비교급 : ~하면 할수록 점점 더 …한
3. 비교급을 강조하는 much, even, far, a lot, still

B 1. 비교급+and+비교급 : 점점 더 ~한
2. as+원급+as possible

C 1. the+비교급 ~, the+비교급 … : ~하면 할수록 더 …한
2. as+원급+as possible : 가능한 한 ~한[하게]
3. more and more+원급 : 점점 더 ~한

D 1. The+비교급+주어+동사, the+비교급+주어+동사
2. 배수사(half)+as+형용사 원급+명사+as

---

01 well　**02** any other　**03** ⑤　**04** The more, the more　**05** ④　**06** ③　**07** ④　**08** ①　**09** ④　**10** (1) last (2) latter　**11** ②, ④　**12** ③　**13** deeper and deeper, colder and colder　**14** as, as, can　**15** ⑤　**16** twice　**17** easier　**18** popular　**19** The higher, the more　**20** ②

서술형　**21** (1) taller than　(2) as tall as　(3) taller than any other player　(4) the tallest (player) of the five　**22** (2) No one spends more time playing computer games than Ann.　(3) Mike spends more time reading books than Bill.　(4) He spends less time playing computer games than reading books.

---

01 그가 그녀만큼 프랑스어를 잘하지 못한다는 의미는 원급 비교(not ~ as[so]+원급+as)로 나타낸다.

02 「비교급+than any other+단수명사」로 최상급 의미를 표현한다.

03 ①~④는 건강이 가장 중요하다는 의미, ⑤는 반대의 의미이다.

04 the+비교급, the+비교급 : ~하면 할수록 더욱 더 …하다

05 ④ 「비교급+and+비교급」이므로 Much → More

06 the+최상급+in+장소. attractive가 3음절이므로 most가 알맞다.

07 비교급 문장이므로 than이 필요하다.

08 less+원급+than : ~보다 덜 …한

09 ④ '네 생각이 내 것보다 훨씬 더 좋다고 생각해.' 에 대한 응답으로 '그건 공평하지 않아.' 는 어색하다.

10 (1) 마지막 버스 : last bus (2)후반부 : latter part

11 '점점 더 ~해지다' 의 표현은 동사 become, get, grow 등과 주로 함께 쓰인다.

12 Tim은 Jack보다 나이가 더 많으므로 ③ Jack is not as old as Tim.이 옳다.

13 비교급+and+비교급 : 점점 더 ~한[하게]

14 as+원급+as+주어+can : 가능한 한 ~하게

15 부산의 택시 요금과 서울의 택시 요금을 비교하는 것이므로 ⑤ those[taxi fares] in Seoul로 고친다.

16 배수사+as+원급+as

[17~18] 해석 | 영화 속에 실수는 항상 있어 왔다. 그러나, 기술 덕분에 사람들은 똑같은 장면을 반복적으로 보고 더 많은 실수를 발견할 수 있다. 게다가, 인터넷은 그들이 발견한 것을 온라인에서 다른 사람들과 공유하는 것을 더 쉽게 만든다. 결과로, 영화에서 실수를 발견하는 것은 요즘 매우 대중적이 되었다.

17 easy는 「자음+y」로 끝나는 단어이므로 y를 i로 고치고 -er을 붙인다.

18 영화에서 실수를 찾는 게 쉬워졌고 따라서 대중적이 되었다는 흐름이 자연스럽다.

[19~20] 해석 | 높은 곳에 있는 물체는 위치에너지를 가진다. 물체가 더 높이 올라갈수록 그것은 더 많은 위치에너지를 갖게 된다. 낙하를 통하여 위치에너지는 운동에너지로 바뀐다. 움직이는 물체는 운동에

너지를 갖고 있다. 물체가 더 빨리 움직일수록 물체는 더 많은 운동 에너지를 가진다.

19 '더 ~할수록 더 …하다'라는 뜻은 「the+비교급 ~, the+비교급 …」으로 나타낸다. high의 비교급은 higher, much의 비교급은 more이다.

20 놀이 기구의 원리에 대해서는 언급되지 않았다.

서술형

21

평가 영역	채점 기준	배점
Fluency	4개의 문장을 모두 완성함.	4점
	3개의 문장을 완성함.	3점
	2개의 문장을 완성함.	2점
	1개의 문장을 완성함.	1점
	완성한 문장이 없음.	0점
Accuracy	문법상의 오류가 없음.	4점
	문법상의 오류가 1개 있음.	3점
	문법상의 오류가 2~3개 있음.	2점
	문법상의 오류가 4개 이상 있음.	0점

22

평가 영역	채점 기준	배점
Fluency	3개의 문장을 완성함.	3점
	2개의 문장을 완성함.	2점
	1개의 문장을 완성함.	1점
	완성한 문장이 없음.	0점
Accuracy	문법상의 오류가 없음.	3점
	문법상의 오류가 1개 있음.	2점
	문법상의 오류가 2개 있음.	1점
	문법상의 오류가 3개 이상 있음.	0점

Chapter **11** | 접속사

Unit **29** | Practice Test   p. 103

A 1. while   2. since   3. as soon as
A-1 As
B 1. While   2. since   3. As   4. As soon as
C 1. ②   2. ②
D 1. as soon as, arrive home   2. have lived, since

A since : ~한 이후로, while : ~하고 있는 동안, as soon as : ~ 하자마자
B 1. ~하는 동안 : while
　 2. ~이래로 : since
　 3. ~함에 따라 : as
　 4. ~ 하자마자 : as soon as
C 1. 시간의 부사절에서는 미래 의미라도 현재 시제로 쓴다.
　 2. since가 이끄는 절은 과거 시제, 주절은 현재완료 시제를 쓴다.
D 1. ~하자마자 : as soon as
　 2. since가 이끄는 부사절은 과거 시제, 주절은 현재완료 시제를 쓴다.

Unit **30** | Practice Test   p. 105

A 1. or → nor 또는 Neither → Either   2. will get → get   3. When → Though, Even though 등
B 1. neither, nor   2. Though   3. unless
　 4. while
C 1. ④   2. ③   3. ②   4. ①
D 1. Neither I nor my parents
　 2. While, I don't like

A 1. neither A nor B : A도 B도 아닌
　　　 either A or B : A든 B든 둘 중 하나
　 2. 조건을 나타내는 부사절에서는 현재 시제가 미래를 대신한다.
　 3. 내용상 양보의 접속사가 필요하다.
B 1. neither A nor B
　 2. though : 비록 ~할지라도(양보)
　 3. unless : 만약 ~하지 않으면(= if ~ not)
　 4. while : ~하는 반면에(대조)
C 1, 2. either A or B : A든 B든 둘 중 하나
　 3. not only A but also B : A뿐만 아니라 B도(B에 동사 일치)
　 4. neither A nor B : A도 B도 아닌(B에 동사 일치)
D 1. A도 B도 아닌 : neither A nor B
　 2. ~하는 반면 : while(대조)

Review Test
p. 106

01 ⑤ **02** Although[Though] 등 **03** If, doesn't **04** ②
05 ① **06** Unless, take **07** not only, but also **08** ⑤
09 ③ **10** didn't come → came **11** ⑤ **12** ① **13** ④
14 ⑤ **15** enjoying

[서술형] **16** (2) Either Tom or Ann can play (3) Both
Tom and Ann can swim (4) Not only Tom but also
Ann can speak (5) Neither Tom nor Ann can speak

1 양보의 부사절로 '비록 ~일지라도'는 even though로 나타낸다.

2 '비록 ~이지만'의 의미를 갖는 양보의 접속사가 알맞다.

3 if ~ not : ~하지 않는다면

4 '~한 이래로'라는 뜻의 시간 접속사가 알맞다.

5 as soon as : ~ 하자마자

6 If ~ not = Unless : unless 자체에 부정의 의미가 들어있으므로 not을 쓰지 않도록 주의한다.

7 not only A but also B = B as well as A

8 unless는 '만일 ~하지 않는다면'의 의미로 ⑤는 If로 고쳐야 한다.

9 ① as if : 마치 ~인 것처럼(가정법에 쓰임) ② 원급 비교에 쓰임 ③ 시간 접속사 : ~하면서 ④ 이유의 접속사 ⑤ 전치사(~로써)

10 neither A nor B는 그 자체에 부정의 의미를 갖고 있으므로 not을 쓰지 않는다.

11 either A or B이므로 nor를 or로 고친다.

12 ①은 '~ 때문에', 나머지는 '~한 이래로'의 뜻이다.

13 either A or B 구문이 주어로 쓰였을 때, 동사를 B와 일치시켜야 하므로 he에 맞추어 써야 한다. ④ take → takes

14~15 [해석] 당신은 전형필에 대해 아는가? 그는 간송으로 더 잘 알려져 있다. 비록 많은 사람들이 그에 대해 모르지만 그는 나라를 위해 훌륭한 일을 했다.

간송은 1906년 부유한 집에 태어났다. 그가 24살이었을 때 그의 아버지가 돌아가셨고 많은 유산을 남겼다. 그러나 그가 자신의 재산을 가지고 한 일은 상당히 독특했다. 그저 부를 즐기는 대신 그는 한국의 역사적인 보물들을 사기로 선택했다. 왜일까?

14 '많은 사람들이 그를 알지 못하더라도 그는 조국을 위해 위대한 일을 했다'라는 뜻이 되어야 하므로, 종속절을 이끄는 양보의 접속사 Though[Although]가 적절하다.

15 instead of에서 of는 전치사이므로 뒤에 동명사를 써야 한다. 따라서 enjoying으로 써야 한다.

서술형

6

평가 영역	채점 기준	배점
	4개의 문장을 모두 완성함.	4점
	3개의 문장을 완성함.	3점
Fluency	2개의 문장을 완성함.	2점
	1개의 문장을 완성함.	1점
	완성한 문장이 없음.	0점

Chapter 12 | 일치와 화법

Unit 31 | Practice Test
p. 111

A 1. are watching 2. makes 3. are 4. is
  5. are
B 1. are → is 2. are → is 3. stands → stand
C 1. Twenty minutes is 2. A, are
C-1 The number, has
D 1. ② 2. ②

A 1. My friends and I는 복수 취급한다.
  2. to부정사구는 단수 취급한다.
  3. half of+복수명사+복수동사
  4. -s가 붙는 학문명은 단수 취급한다.
  5. 「the+형용사」는 '~한 사람들'의 의미로 복수 취급한다.

B 1. someone은 단수 취급
  2. 동명사구 Making good friends 전체가 주어로 쓰였으므로 단수 취급
  3. the rest of+복수명사+복수동사

C 1. 주어 twenty minutes는 단일 개념으로 취급되므로 단수 취급
  2. a number of : 많은 (복수 취급)

D 1. 주어가 The results이고 인터넷에 소개되는 것이므로 수동태인 were introduced가 온다.
  2. 「every+단수명사」는 단수 취급

Unit 32 | Practice Test
p. 113

A 1. was　2. had　3. lived　4. discovered
A-1 would come
B 1. was　2. would be　3. had arrived
C 1. He said he could bake a cake.
　　2. I thought that she had never been to Japan.
　　3. We learned that light travels faster than sound.
D 1. flew → flies　2. played → plays

A_　1~3. 주절의 시제가 과거이면 종속절의 시제는 과거 또는 과거완료만 올 수 있다.
　　4. 역사적 사실은 항상 과거 시제로 쓴다.
B_　주절의 시제가 과거로 바뀌면 종속절의 시제도 하나 앞선 시제로 바뀐다. (현재 → 과거, 과거 → 과거완료)
C_　1, 2. 주절의 시제가 현재에서 과거로 바뀌면 종속절의 시제는 현재 → 과거, 현재완료 → 과거완료, 과거 → 과거완료로 바뀐다.
　　3. 불변의 진리나 과학적인 사실은 항상 현재 시제로 쓴다.
D_　1. 속담이나 격언은 항상 현재 시제로 표현한다.
　　2. 현재의 습관이나 사실은 현재 시제로 표현한다.

Unit 33 | Practice Test
p. 115

A 1. ③　2. ③
B 1. (that) he had met Mary the day before
　　2. who will be his coach
C 1. advised them to exercise　2. told me not to speak　3. if I was ready to go
D 1. I told him (that) he could stay there.
　　2. Mr. Kim said (that) he always walks to school.
　　3. Monica asked me whether[if] I loved her.
　　4. She asked her son to bring her his report card.

A_　1. 평서문의 화법 전환 : 전달되는 문장의 주어 I는 전달문의 주어 my brother이다. ③ I → he
　　2. 의문문의 화법 전환 : 「의문사+주어+동사」의 어순이 된다.
　　　③ could he → he could
B_　1. 평서문의 화법 전환 : 주절이 과거이므로 직접화법에서의 과거 시제는 과거완료 시제가 된다.
　　2. 의문사 who가 주어이므로 「의문사+동사」의 어순이다.
C_　1. advise+목적어+to부정사(긍정 명령문의 간접화법)
　　2. tell+목적어+not+to부정사(부정 명령문의 간접화법)
　　3. ask+목적어+if+주어+동사(의문사가 없는 의문문의 간접화법)
D_　2. 현재의 습관은 항상 현재 시제
　　3. 의문사가 없는 의문문의 화법 전환 : 접속사 if[whether]를 쓴다.
　　4. 명령문의 화법 전환 : to부정사로 나타낸다.

Review Test
p. 116

01 ⑤　**02** is　**03** ⑤　**04** ⑤　**05** had finished　**06** ③
07 ②　**08** ④　**09** ④　**10** if[whether] he could swim
11 the day before　**12** are → is　**13** went → goes
14 ④　**15** ⓐ are ⓑ is　**16** ②　**17** ④　**18** ④
19 could　**20** ⑤
서술형　**21** (1) to turn our cell phone off then
(2) not to make any noise there　(3) what the main point of that lesson was　(4) if[whether] we had any questions　(5) we had done a good job
22 (1) Bill asked Mary how many pens she had then. / She said she had three pens.　(2) Bill told Mary (that) his father had bought him a pet dog. / She asked him what its name was. / He told her (that) its name was Doogy.

01 ⑤ 동명사(구) 주어는 단수 취급하므로 are → is
02 문장의 주어는 The math teacher이므로 단수동사 is가 와야 한다.
03 ⑤ 현재의 반복적인 습관은 항상 현재 시제로 표현하므로 went → go
04 ⑤「부분을 나타내는 표현+복수명사+복수동사」이므로 is → are
05 주절이 과거이므로 종속절은 과거완료 시제가 알맞다.
06 hide and seek는 '숨바꼭질' 이라는 뜻으로 단일 의미이므로 단수 취급한다.
07 주절의 동사가 과거이므로 종속절에는 과거 또는 과거완료 시제가 온다.
08 두 문장 다 주절이 과거 시제이므로 종속절에는 과거나 과거완료 시제가 오고, 주어(the bus, someone)도 모두 단수임에 주의한다.
09 부정 명령문의 간접화법은 「전달동사+목적어+not+to부정사」의 어순이다. ④ → He ordered them not to touch it.
10 의문사가 없는 의문법의 간접화법은 「if[whether]+주어+동사」의 어순으로 쓴다.
11 간접화법으로 바꿀 때 yesterday는 the day before로 바꿔 쓴다.
12 주어가 anyone이므로 단수 취급하여 단수동사를 써야 한다. are → is
13 불변의 진리나 과학적 사실은 주절의 시제와 상관없이 항상 현재 시제를 쓴다.
14 ① is → was　② will → would　③ were → was　⑤ has finished → had finished
15 ⓐ 주격 관계대명사절의 동사의 수는 선행사에 맞춘다. lights가 복수이므로 are가 되어야 한다. ⓑ 주어가 Each이므로 단수동사 is로 써야 한다.
[16~17] 해석 | 직업 체험의 날에
　　9월 9일은 하림중학교 '직업 체험의 날' 이었다. 모든 학생들은 자기가 관심 있는 일터를 방문했다. 그들은 그들의 일에 대해 사람들을 인터뷰했다. 그들은 인터뷰를 끝낸 뒤에 그것에 대해 보고서를 썼다.
16 밑줄 친 ⓐ, ⓒ, ⓓ, ⓔ는 all the students를 가리키는 말이지만 ⓑ의 their는 the people을 가리킨다.

17 주절의 동사가 visited로 과거형이므로 they 뒤의 be동사도 과거형이어야 한다. 주어가 they로 복수이므로 were가 알맞다.

18~20 해석 | 나는 6시 정각에 일어났다. 엄마는 심한 감기에 걸렸고 나는 엄마가 걱정되었다. 나는 엄마가 아침에 쉴 수 있도록 아침을 준비하려고 했다. 나는 내 방 밖으로 걸어나왔다. 누군가가 부엌에 이미 있는 것 같았다. 그 사람은 아빠였다. 아빠는 국을 데우고 상을 차리고 계셨다. 아빠와 나는 서로 바라보고 웃었다. 이제 아침이 준비되었다. 엄마는 우리를 보고 매우 기뻐하실 것이다!

18 be worried about은 '~에 대해 걱정하다'라는 뜻이다.

19 문장의 시제가 과거이므로 can의 과거형 could로 써야 한다.
「… so that+주어+can ~」은 '…해서 주어가 ~할 수 있도록'이라는 뜻이다.

20 아버지가 이미 국을 데우고 상을 차리고 있었으므로 '함께 국을 데웠다'라는 말은 틀렸다.

서술형

21

평가 영역	채점 기준	배점
Fluency	5개의 문장을 모두 완성함.	5점
	4개의 문장을 완성함.	4점
	3개의 문장을 완성함.	3점
	2개의 문장을 완성함.	2점
	1개의 문장을 완성함.	1점
	완성한 문장이 없음.	0점
Accuracy	문법상의 오류가 없음.	5점
	문법상의 오류가 1개 있음.	4점
	문법상의 오류가 2개 있음.	3점
	문법상의 오류가 3개 있음.	2점
	문법상의 오류가 4개 이상 있음.	0점

22

평가 영역	채점 기준	배점
Fluency	5개의 문장을 모두 완성함.	5점
	4개의 문장을 완성함.	4점
	3개의 문장을 완성함.	3점
	2개의 문장을 완성함.	2점
	1개의 문장을 완성함.	1점
	완성한 문장이 없음.	0점
Accuracy	문법상의 오류가 없음.	5점
	문법상의 오류가 1개 있음.	4점
	문법상의 오류가 2개 있음.	3점
	문법상의 오류가 3개 있음.	2점
	문법상의 오류가 4개 이상 있음.	0점

Chapter 13 | 특수 구문

Unit 34 | Practice Test   p. 121

A 1. did   2. do   3. does
B 1. Every, not   2. until
C 1. It was John   2. an MP3 player that[which]
   3. was at a shop that[where]
D 1. I didn't learn English until I moved to America.
   2. It was the flowers that she sent me.
D-1 Nobody likes a lazy person.

A_ 동사를 강조할 때는 do를 이용하며, 인칭과 시제에 따라 「do[does, did]+동사원형」의 형태로 쓴다.
B_ 1. 전체를 나타내는 every, always 같은 말이 부정어와 함께 쓰이면 부분부정을 나타낸다.
   2. not A until B: B할 때까지 A하지 않다, B하고서야 비로소 A하다
C_ 의문문의 답이 되는 부분을 It was와 that 사이에 넣어 강조하는 문장을 만든다.
   1. John을 강조
   2. an MP3 player를 강조
   3. at a shop을 강조
D_ 1. ~하고 나서야 비로소 …하다 : not … until ~
   2. 꽃을 강조하는 의미이므로 It was ~ that 강조구문을 이용한다.

Unit 35 | Practice Test   p. 123

A 1. So is   2. that
B 1. was the picture   2. have I played
   3. did I dream
C 1. ④   2. ②   3. ③
C-1 ③
D 1. the top of the house sat the cat
   2. can I believe it

A_ 1. So+(조)동사+주어. : ~도 그래. (긍정문에 대한 동의의 표현)
   2. 동격의 접속사 that : the fact와 that절의 내용이 서로 동격이다.
B_ 1. 장소의 부사구가 문두로 나올 때는 「부사구+동사+주어」로 쓴다.
   2, 3. 부정어가 문두로 나올 때는 「부정어+조동사+주어+본동사」로 쓴다.
C_ 1. 부정문에 대한 동의의 표현 : Neither+(조)동사+주어
   2. 부정어+조동사+주어+본동사
   3. The father of music과 Bach가 동격이므로, 빈칸에는 '즉'의 의미를 갖는 말이 와야 한다. that is = 즉

D_ 1. 장소의 부사구가 문두에 오면 주어와 동사가 도치된다.

2. hardly(거의 ~않는)는 부정어이므로, 문두로 나가면 「부정어(구)+조동사+주어+본동사」의 어순이 된다.

Review Test
p. 124

01 ⑤ 02 It was, that[who] 03 that 04 has 05 ⑤
06 Neither do I. 07 ② 08 ③ 09 ④ 10 like
neither 11 ④ 12 (1) Neither do I (2) So am I
13 who 14 It, that
서술형 15 (1) Bill a doll in the restaurant
(2) at school that[where] Susan gave Ann a cap
(3) It was, that[which] Kate gave Mike in the street

01 「every+not」은 부분부정으로, 모든 남자가 다 요리를 잘 하는 것은 아니라는 뜻이다.

02 주어 they를 강조하며 과거 시제인 강조 구문이다.

03 he would go to America와 the news는 같은 내용이므로, 명사와 뒤의 절을 동격으로 이어주는 동격의 that이 알맞다.

04 Ann도 숙제를 끝냈고, Mary도 그렇다는 긍정문에 대한 동의를 나타내므로 「So+(조)동사+주어 : ~도 그렇다」로 쓴다.

05 부정어가 문두로 나와 강조될 때는 「부정어+조동사+주어+본동사」의 어순으로 쓴다.

06 부정문에 대한 동의는 「Neither+(조)동사+주어」의 어순으로, 동사는 일반동사 like를 받는 조동사 do를 써야 한다.

07 ② that은 목적격 관계대명사, 나머지는 of, that, 콤마(,)를 통해 동격을 나타낸다.

08 ③은 Here comes my teacher.가 되어야 한다. ①처럼 주어가 대명사인 경우에는 주어와 동사가 도치되지 않는다.

09 B가 It was ~ that 강조구문으로 시간 부사 then을 강조하고 있으므로 언제인지를 묻는 질문이 와야 한다.

10 not+either=neither : 둘 다 ~아닌(전체부정)

11 동사를 강조하는 조동사 do이다. ①, ②, ③은 일반동사의 부정문, 의문문, 부정 명령문을 만드는 조동사, ⑤는 '~을 하다' 라는 뜻의 본동사

12 (1) 부정의 뜻으로 '나도 마찬가지야.' 라고 쓸 때는 "Neither do동사/be동사 I."인데 like가 일반동사이므로 do를 쓴다. (2) 긍정의 뜻으로 '나도 마찬가지야.' 라고 할 때는 "So do동사/be동사 I."인데, be동사 am이 쓰였으므로 am을 쓴다.

[13~14] 해석 | 뱅슈 카니발은 유럽에서 가장 유명한 축제 중 하나이다. 그것은 2월이나 3월에 벨기에의 뱅슈에서 3일 동안 열린다. 그 축제에서 가장 중요한 사람들은 '질'이다. 질은 그 축제를 위해 뽑힌 뱅슈 출신 남자들이다. 질이 나타나는 것은 그 축제의 마지막 날이다. 그들은 그 축제의 하이라이트이다.

13 선행사가 the men from Binche로 사람이므로 who를 써야 한다.

14 「It+be동사+강조할 어구+that ~」 구문을 이용한다.

서술형

15	평가 영역	채점 기준	배점
	Fluency	3개의 문장을 모두 완성함.	3점
		2개의 문장을 완성함.	2점
		1개의 문장을 완성함.	1점
		완성한 문장이 없음.	0점
	Accuracy	문법상의 오류가 없음.	3점
		문법상의 오류가 1개 있음.	2점
		문법상의 오류가 2개 있음.	1점
		문법상의 오류가 3개 이상 있음.	0점

유사 답안 (1) a doll to Bill in the restaurant

(2) at school that[where] Susan gave a cap to Ann

(3) It was, that[which] Kate gave to Mike in the street

01 ⑤　**02** ⑤　**03** ④　**04** ⑤　**05** ①　**06** ⑤　**07** ②
08 was being cleaned　　　**09** me not to waste time
10 me going with him　**11** ④　**12** ⑤　**13** have
apologized　**14** seemed, he traveled　**15** as well as
you　**16** ①　**17** not, would buy　**18** to send　**19** ③
20 Neither can　**21** ④　**22** ①　**23** ③　**24** only, but
also　**25** ③　**26** ⑤　**27** travel　**28** to do　**29** ④　**30**
twice as much as

01 「as if+가정법 과거」: 마치 ~인 것처럼
02 ⑤ 「one of+the+최상급+복수명사」: 가장 ~한 것 중의 하나, 나머지는 모두 최상급의 의미이다.
03 의문사가 없는 의문문의 간접화법: 「if[whether]+주어+동사」의 어순, 주절의 동사가 과거이므로 like → liked, 대명사도 전달자의 입장에 맞게 you → she, me → him으로 바꾼다.
04 내용상 수영을 하지 않고 낮잠을 자겠다는 의미이다. would rather+동사원형: 차라리 ~하겠다
05 가정법 과거에 쓰인 without은 「if it were not for+명사」로 바꿔 쓸 수 있다.
06 「It is ~ that」 강조구문이다. ①, ②, ④ 목적격 관계대명사 ③ 진주어를 이끄는 접속사
07 캐나다나 멕시코는 장소이므로 「where+to부정사」가 알맞다.
08 과거 진행형 수동태는 「was[were] being+과거분사」로 나타낸다.
09 to부정사의 부정은 to 앞에 부정어 not이나 never를 쓴다.
10 동명사의 의미상의 주어는 동명사 앞에 소유격이나 목적격을 쓴다.
11 복합 관계대명사는 「관계대명사+-ever」의 형태로 any의 뜻을 갖거나 양보절을 이끈다. anything that = whatever
12 the+비교급 ~, the+비교급 … : ~하면 할수록 더욱 …하다
13 should have+과거분사 : ~했어야 했다(과거에 하지 않은 일에 대한 후회)
14 주어+seemed+to부정사 = It seemed that+주어+동사
15 not only A but also B = B as well as A : A뿐만 아니라 B도 역시, 주어로 쓰일 경우 두 표현 모두 B에 동사를 일치시킨다.
16 관계부사는 「전치사+which」를 대신한다. ① where는 in which이므로 where를 which로 고쳐야 한다.
17 현재 사실과 반대되는 상황을 가정하는 가정법 과거 : If+주어+동사의 과거형[were], 주어+조동사의 과거형+동사원형
18 할 일을 잊은 것이므로 「forget+to부정사」로 쓴다. 「forget+동명사」는 '~한 것을 잊다' 라는 의미이다.
19 need가 동명사를 목적어로 취하면 수동의 의미를 갖는다. 「need+동명사」= 「need to be+과거분사」
20 부정하는 말에 동의하는 표현은 「neither+(조)동사+주어」이다.
21 B가 파티에 도착했을 때 이미 Mike는 집에 가고 없었으므로 과거완료 「had+과거분사」를 쓴다.
22 「전치사+관계대명사」에서 관계대명사는 생략할 수 없다.
[23~24] 해석 | 저에 대해 말씀드리겠습니다. 제 이름은 Rosemary

입니다. 단지 제 이름 때문에 저를 장미라고 생각하지 말아주세요. 제 향기는 매우 특별하기 때문에 부모들은 종종 저를 자녀들의 공부방에 놓습니다. 그것(향기)은 사람의 기억을 향상시킨답니다. 제 향기는 다른 면에서도 도움이 되지요. 몇몇 사람들은 차를 만들기 위해서 뿐만 아니라 음식을 맛있게 만들기 위해서도 저를 이용합니다.
23 향기가 사람들에게 '다른 방식으로도' 도움이 된다는 내용이 뒤에 이어지므로, 앞부분에는 '사람의 기억을 향상한다(improve)' 라는 말이 나와야 자연스럽다.
24 '차를 만들 뿐만 아니라 음식을 맛있게도 만든다' 라는 뜻이 되어야 하므로 not only A but also B (A뿐만 아니라 B도 역시) 구문을 사용해 문장을 완성한다.
[25~26] 해석 | 영어 수업시간에, 우리는 아일랜드 문화에 대한 특별 수업을 받았다. 한 키 큰 남자가 우리 반을 방문해서 자신의 나라에 관한 강의를 해 주었다. 그는 녹색 티셔츠를 입고 있었다. 처음에는 그의 억양을 이해하는 것이 쉽지 않았지만 우리는 조금씩 그것에 익숙해졌다.
25 밑줄 친 ⓐ와 ③는 명사적 용법으로 쓰인 to부정사이며, ①, ②는 명사(the book, something)를 꾸며주는 형용사적 용법, ④, ⑤는 부사적 용법으로 쓰인 to부정사이다.
26 마지막 문장에서 got used to it은 '그것(= 억양)에 익숙해졌다' 라는 의미이다.
27 해석 | 몇 달 전에 나는 가족과 함께 브라질을 방문했다. 우리가 거기 있는 동안 우리는 리우데자네이루, 상파울루 같은 유명한 몇 군데 도시를 여행했다. 우리는 대규모의 여행 일행들과 여행을 했었는데 이번에는 지역 주민들과 자전거 여행을 하기로 결심했다.
문맥상 '우리는 ~했었다, ~하곤 했다' 라는 말이 되어야 하므로 「used to+동사원형」 구문을 써야 한다.
[28~29] 해석 | 나는 내 치마를 더 짧게 만들고 싶었다. 나는 내 자켓을 더 꼭 맞게 만들고 싶었다. 엄마는 내 교복에 그 어떠한 행동도 허락하지 않으셨다. 엄마는 틀림없이 나에게 화가 나셨을 것이다. 그러나 지금 그 일에 대해 생각해보면 내 교복이 그리 나쁘지는 않다.
28 「allow+목적어+to+동사원형」은 '목적어가 ~하게 허락하다' 라는 뜻이므로 to do로 써야 한다.
29 과거에 대한 강한 추측은 '~였음이 틀림없다' 라는 뜻의 「must have+과거분사」 구문으로 쓴다.
30 해석 | 며칠 뒤, 또 다른 일본인 수집가가 간송에게 왔다. 그는 그 꽃병(고려청자)에 4만원을 내겠다고 제안했다. 그것은 간송이 냈던 금액의 두 배였다. 간송을 눈을 감고 한 마디도 하지 않았다.
「배수사+as+원급+as」의 어순이다.

Final Test ❷

p. 131

01 used to **02** ② **03** Neither, nor **04** ⑤ **05** ③
06 ⑤ **07** ① **08** has been fixing **09** twice as
expensive **10** should have checked **11** No matter
how **12** what to do **13** always **14** not to buy
15 ③ **16** do, cleaned **17** he was, she had put
18 had studied, could have passed **19** ① **20** the
most intelligent **21** for you to take an umbrella **22** ③
23 ④ **24** ③ **25** ④ **26** what to do **27** ⑤ **28** more
comfortable **29** ② **30** ④

01 used to+동사원형 : ~하곤 했다 (지금은 그렇지 않다)

02 동사구가 있는 수동태에서 동사구는 하나의 동사처럼 취급한다.

03 neither *A* nor *B* : A도 B도 아닌

04 「비교급 강조어구 much+비교급+than」, interesting은
more를 붙여 비교급을 만든다.

05 「I wish+가정법 과거」(~라면 좋을 텐데) 구문이다.

06 생일파티에 초대받지 못해서 가지 않을 거라는 내용으로, 현재완료
수동태 「have[has]+been+과거분사」로 쓴다.

07 ② → Though they were tired ③ → If I speak frankly
④ → After I had finished my work ⑤ → As it was
very cold

08 현재완료 진행형 「have[has] been+-ing」로 나타낸다.

09 배수사(twice, three times 등)+as+원급+as ~ : ~보다 –배
더 …한

10 should have+과거분사 : 과거에 하지 않은 일에 대한 후회를 나
타낸다.

11 복합 관계부사 however = no matter how (아무리 ~하더라
도)

12 의문사+to부정사 = 의문사+주어+should+동사원형

13 not ~ always : 항상 ~인 것은 아닌(부분부정)

14 지금 드레스를 사지 않기로 했다는 내용으로, to부정사의 부정은 to
앞에 not을 쓴다.

15 ①「주격 관계대명사+be동사」생략 가능 ② 때를 나타내는 부사절
에서「주어+be동사」생략 가능 ③ 대부정사 to는 생략 불가능 ④ 목
적격 관계대명사 생략 가능 ⑤ 목적어절을 이끄는 접속사 that은 생
략 가능

16 「have+목적어+목적격보어」에서 목적어와 목적격보어의 관계가 능
동이면 동사원형을, 수동이면 과거분사를 목적격보어로 쓴다.

17 의문사가 없는 의문문의 간접화법 : 「if[whether]+주어+동사」의
어순이고, 주절의 동사가 과거이므로 if절의 시제는 과거나 과거완료
만 가능하다.

18 가정법 과거완료 : 「If+주어+had+과거분사, 주어+조동사의 과거
형+have+과거분사」, 과거 사실의 반대를 가정하므로 주어진 문장
이 부정이면 긍정으로 나타낸다.

19 ① look forward to -ing이므로 to see → to seeing

20 「부정어+as[so]+원급+as」는 최상급의 의미이므로 the most

21 don't need to+동사원형 = It's not necessary(+for+목
적격)+to부정사 : (목적어가) ~할 필요가 없다

22 해석 | 컴퓨터는 우리가 생각하는 것처럼 스스로 생각할 수는 없다.
우리가 그것들을 켜지 않으면, 그것들은 아무것도 할 수 없다. 그것들은
우리가 그것이 하도록 원하는 것만을 한다.
　'~하지 않는다면'이라는 뜻이 되어야 하므로 if → unless로 고친다.

23 주어진 문장의 becoming과 ④는 보어 역할을 하며, ①, ②, ③은
목적어, ⑤는 주어 역할을 한다.

24 ① 의문사가 없는 의문문의 간접화법에서는 if[whether]를 쓴다.
② I wish+가정법 과거 : 현재 사실과 반대되는 소망을 가정할 때
③ 미래 일정 시점까지의 완료를 나타내므로 미래완료 시제(will
have+p.p.)를 써야 한다.
④ 분사구문의 의미를 명확하게 하기 위해 분사구문 앞에 접속사를 쓴
경우이다.
⑤ They say that ~을 수동태로 바꾼 문장으로, 주어가 되는 that
절이 길어져서 가주어 it을 쓰고 that절은 뒤로 보낸 것이다.

25 해석 | 그러나 그의 노력 덕분에 값진 작품들이 보존되었다. 비록 그
는 50년도 더 이전에 세상을 떠났지만 그의 정신은 영원히 우리와
함께 남아있다.
　'그는 50년 전에 세상을 떠났지만, 그의 정신은 우리와 영원히 남아
있을 것이다'라는 뜻이 되어야 하므로 빈칸에는 양보의 접속사
Though[Although]가 적절하다.

[26~27] 해석 | 지연아, 고마워. 나는 내 강아지를 잃어버려서 무엇
을 해야 할지 몰랐어. 하지만 네가 말해줬듯이 내 강아지는 그날
밤 혼자서 집에 돌아왔어! 나는 강아지를 따뜻하게 목욕시키고
나서 함께 놀았어. 너의 친절한 조언 다시 한번 고마워.
사랑하는 민지가.

26 「의문사+to부정사」의 형태로 쓴다. '무엇을 해야 할지'는 what to
do라고 표현한다. '어떻게 해야 할지'라는 뜻의 how to do와 혼
동하지 않도록 한다.

27 지연이가 조언을 한 행위가 강아지가 돌아온 일보다 먼저 있었던 일
이므로 과거완료(had+과거분사)로 쓴다.

[28~30] 해석 | 지난 약 100년 동안 발명품들은 우리 삶을 더 편하
게 만들어 왔다. 전화기는 사람들이 먼 거리에서도 쉽게 의사소
통하도록 해 준다. 컴퓨터는 사람들이 더 빨리 일하도록 돕는다.
자동차와 비행기 덕분에 여행이 더 쉽다. 그러나 모든 사람이 이
러한 발명으로부터 이득을 얻는가? 몇몇 발명가들이 스스로에게
물어왔던 것이 바로 이 질문이었다. 고맙게도, 그들은 가장 도움
을 필요로 하는 사람들을 돕는 방법을 발견해왔다.

28 형용사 comfortable은 3음절이므로 more를 붙여서 비교급을
만든다.

29 「It+be동사+강조할 어구+that ~」 강조 구문이므로 주어 자리인
빈칸에는 It을 쓴다.

30 those who ~는 '~한 사람들'이라는 뜻이다.